AF555625

HEUREUSE INVENTION!

PRÉCIEUSE DÉCOUVERTE !

LE

PLAIN-CHANT RENDU FACILE

LECTURE A PREMIÈRE VUE, GAMMES SUR UNE SEULE CLEF

DIAPASON MOYEN

PETIT SOLFÉGE DES ÉCOLES

DÉDIÉ A LA JEUNESSE CHRÉTIENNE

PAR

Fre ACHILLE, DE LA MISÉRICORDE

PRIX 0 f. 60

PARIS

F. BOUQUEREL, LIBRAIRE-ÉDITEUR

31, RUE CASSETTE, 31

1867

Saint-Maixent, Typ. Ch. Reversé

PETIT
SOLFÉGE DES ÉCOLES

INTRODUCTION

UN MOT SUR LE CHANT RELIGIEUX.

COMBIEN IL EST UTILE DE L'APPRENDRE ET DE L'ENSEIGNER.

PRINCIPES GÉNÉRAUX DU PLAIN-CHANT.

On appelle *Chant religieux*, ce chant grave, simple, mélodieux que la sainte Eglise emploie dans la célébration des divins offices, pour chanter les prières et les louanges de Dieu.

Il serait à désirer que ce chant si beau, si solennel, si sublime, si touchant, lorsqu'il est exécuté avec ensemble et piété, fût connu de tous les fidèles et qu'on l'enseignât même dans les plus modestes écoles primaires, afin que, dans un avenir prochain, tous les chrétiens, unis de cœur et par leurs pieux sentiments dans le temple saint, pussent former un harmonieux concert à la louange du Très-Haut.

Voici ce que dit, à ce sujet, Monseigneur Parisis, évêque d'Arras, dans une lettre pastorale sur le chant religieux :

« Il n'est point de paroisse, si petite qu'elle soit, où l'on ne « puisse trouver des enfants, des adolescents et des hommes en

« assez grand nombre pour former, par la combinaison intelli-
« gente des diverses natures de voix, des psalmodies très-mélo-
« dieuses et de véritables concerts parfaitement religieux. »

Nous sommes persuadé que notre système de notation, qui simplifie considérablement l'étude du chant, sera d'une aide puissante pour atteindre ce but. Cependant, comme le dit fort bien Monseigneur Parisis :

« Les moyens pour obtenir ce résultat si désirable se trouvent
« placés (surtout) dans les mains des instituteurs de la jeunesse,
« puisque ce sont eux qui sont chargés de former le premier
« âge de la vie, cet âge où l'on dépose le germe des goûts, des
« dispositions, des talents, et des vertus qui doivent diriger et
« déterminer le reste de l'existence. »

Nous avons pensé qu'il fallait une méthode simple, facile et prompte en heureux résultats pour donner l'essor : c'est pourquoi nous nous sommes mis à l'œuvre. Nous espérons compléter notre travail par la publication d'un PAROISSIEN DES ÉCOLES et d'un PAROISSIEN ROMAIN COMPLET, à l'usage des fidèles et des chantres des petites paroisses.

« Que des leçons de Plain-Chant soient donc régulièrement
« données par tous les instituteurs aux enfants qui leur sont
« confiés ; que dans le cours de chaque semaine le chant du
« dimanche suivant soit étudié, préparé, concerté par quelques
« exercices pris en commun avec une application sérieuse... »

« Ainsi les enfants contracteront l'amour des divins offices,
« en acquérant le goût, la science et l'habitude des saintes mé-
« lodies de l'Eglise. Il y a longtemps qu'on l'a dit : — on ne
« peut aimer ce qu'on ne connaît pas ; aussi une des raisons du
« dégoût d'un grand nombre d'hommes pour nos solennités,
« c'est leur ignorance complète de ce qui s'y dit et s'y pratique.
« Au contraire, on fait presque toujours volontiers ce que l'on

« sait bien faire. . . . — Lorsque plusieurs générations auront été « ainsi formées, lorsque la partie la plus vivante d'une population « aura contracté l'heureux usage de prendre une part active, par « le concours intelligent de la voix, au culte public, alors un « attrait naturel s'associera aux motifs de foi pour convoquer à « la maison de Dieu, et il sera impossible que les offices d'une « telle paroisse, soient ainsi qu'ils le sont trop souvent, désertés « par les hommes. »

Puisse donc le zèle des prêtres, des membres des congrégations religieuses et des instituteurs s'unir à nos efforts pour obtenir cet heureux résultat.

— A. M. D. G. —

PRINCIPES GÉNÉRAUX DU PLAIN-CHANT.

Nous sommes persuadé que la seule pratique bien dirigée, aidée seulement des plus simples notions théoriques exprimées verbalement et à propos, pendant la leçon de chant, suffirait pour former les jeunes gens à la bonne exécution du Plain-Chant, c'est pourquoi nous nous étendrons très-peu sur la théorie.

CARACTÈRES EMPLOYÉS DANS LA NOTATION.

1° Les signes employés pour écrire le Plain-Chant sont les *lignes*, les *notes*, les *clefs*, les *barres*, le *guidon*, le *bémol*, le *bécarre* et le *dièse*.

2° Les lignes sont au nombre de quatre ; on les compte de bas en haut, et leur réunion forme ce qu'on appelle la portée.

Cependant on peut les augmenter de lignes supplémentaires, soit au-dessus ou au-dessous de la portée.

EXEMPLE.

PORTÉE {
4me Ligne
3me Ligne
2me Ligne
1re Ligne

3° Il y a sept notes que l'on désigne par les syllabes :

DO, RÉ, MI, FA, SOL, LA, SI,

On les représente sous trois formes différentes :

4° Les clefs sont à peu près inutiles avec notre système de notation ; cependant nous conserverons la *clef de DO* sur la 4me ligne, pour donner plus de grâce à la portée.

5° On appelle barre des lignes verticales qui se placent sur la portée ; il y en a de trois sortes : les petites barres, les grandes barres et les doubles barres.

EXEMPLE :

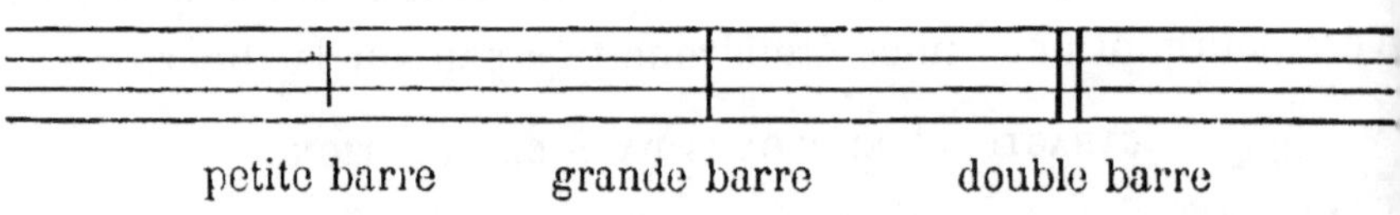

6° Les *petites barres* servent à marquer les endroits où l'on doit respirer ; la *grande barre* ou *barre de repos*, à distinguer les différents membres d'une période de chant ; et les *doubles barres*, à marquer l'intonation ou la fin des pièces de chant.

7° Le *guidon* est une demi-note qui se place à la fin de chaque portée pour indiquer la note qui commence la portée suivante. Comme ce signe est peu utile avec notre système, nous ne l'emploierons pas.

8° Le *bémol* est un signe qui baisse d'un demi-ton la note qu'il affecte. Le *bémol* placé à la clef est continu ; il affecte toutes les notes de la ligne ou de l'interligne où il se trouve ; lorsqu'il est accidentel, il n'affecte que la note devant laquelle il est placé.

9° Le *bécarre* détruit l'effet du *bémol* et remet la note dans son ton naturel.

10° Le *dièse* hausse d'un demi-ton la note qu'il affecte ; son effet est également détruit par le *bécarre* ; il est aussi continu ou accidentel, selon qu'il est placé soit à la clef ou devant une note isolée.

11° La *gamme* est la succession de huit sons s'élevant par degrés consécutifs, depuis un son donné, de manière que le huitième, à part l'acuité, soit la reproduction du premier.

On représente les sons au moyen des notes.

GAMME NATURELLE.

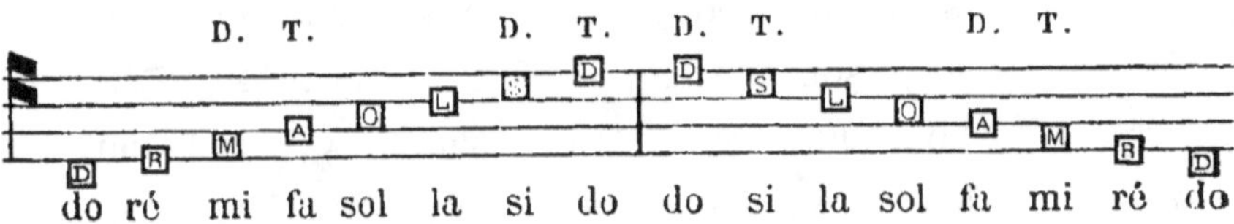

12° La différence de sons entre deux notes établit entre elles une relation que l'on nomme *intervalle* ; or une gamme comprenant huit sons renferme naturellement sept *intervalles*, dont cinq d'un *ton* et deux d'un *demi-ton*.

TABLEAU DES INTERVALLES.

13° Chacune des notes peut recevoir trois dénominations différentes : 1° son nom propre, 2° le nom de son ordre, 3° le nom que lui donne sa fonction dans la gamme.

EXEMPLE :

DO	RÉ	MI	FA	SOL	LA	SI	DO
Première	**Seconde**	**Tierce**	**Quarte**	**Quinte**	**Sixte**	**Septième**	**Octave**
Tonique	**Sus-Tonique**		**Sous-Dominante**	**Dominante**	**Sus-Dominante**	**Sensible**	

14° Chaque note de la gamme pouvant être prise pour tonique, on admet en *Plain-Chant* autant de gammes que de notes, et par suite, *huit tons*, la note de l'octave comprise.

GAMMES DES HUIT TONS (1).

1er Ton	RÉ,	MI, ⁀	FA,	SOL,	LA,	SI, ⁀	DO,	RÉ,
2me	LA,	SI, ⁀	DO,	RÉ,	MI, ⁀	FA,	SOL,	LA,
3me	MI, ⁀	FA,	SOL,	LA,	SI, ⁀	DO,	RÉ,	MI,
4me	SI, ⁀	DO,	RÉ,	MI, ⁀	FA,	SOL,	LA,	SI,
5me	FA,	SOL,	LA,	SI, ⁀	DO,	RÉ,	MI, ⁀	FA,
6me	DO,	RÉ,	MI, ⁀	FA,	SOL,	LA,	SI, ⁀	DO,
7me	SOL,	LA,	SI, ⁀	DO,	RÉ,	MI, ⁀	FA,	SOL,
8me	RÉ,	MI, ⁀	FA,	SOL,	LA,	SI, ⁀	DO,	RÉ,

(1) La position relative des demi-tons est indiquée par ce signe ⁀.

Mais comme la *tonique* de toutes ces gammes doit être prise sur le même ton, il en résulte qu'on ne fait réellement que bouleverser la *gamme naturelle* et créer des difficultés sérieuses de lecture et de tonalité, pour le mince avantage de déplacer les *demi-tons*, quand il est si facile de s'en tenir à une échelle *invariable* et de modifier la gamme au moyen des dièses et des bémols.

DU TON DU CHOEUR ET DE L'UNISSON.

15° Le *Ton du chœur* est un ton général et régulier sur lequel on doit prendre les différentes parties de l'office, afin de ne point chanter tantôt trop haut et tantôt trop bas.

Si l'on s'en tenait au ton dans lequel les différentes pièces de chant sont écrites, dans *les livres liturgiques*, le chant serait beaucoup trop bas dans certains tons, et beaucoup trop élevé dans d'autres, par suite de cette tonalité vraiment bizarre. Il faut donc que les chantres transposent; mais comme la plupart n'en sont pas capables, il s'en suit que le chant est très-mal exécuté dans la majeure partie des paroisses; or il vaut infiniment mieux le noter tel qu'il doit être chanté. C'est pourquoi nous nous proposons de noter le *Paroissien romain* dans un diapason moyen, *en transposant toutes les pièces de chant notées trop haut ou trop bas*, afin de mettre le chant religieux à la portée de toutes les voix et de tous les fidèles.

GAMMES DES 8 TONS EN LEUR DONNANT LA NOTE *LA* POUR DOMINANTE (1).

Dominante Tonique

1er TON. R M A O L S D R ‖ L ‖ R ‖

D. T. D. T.

(1) La position relative des demi-tons est indiquée par les lettres D.T.

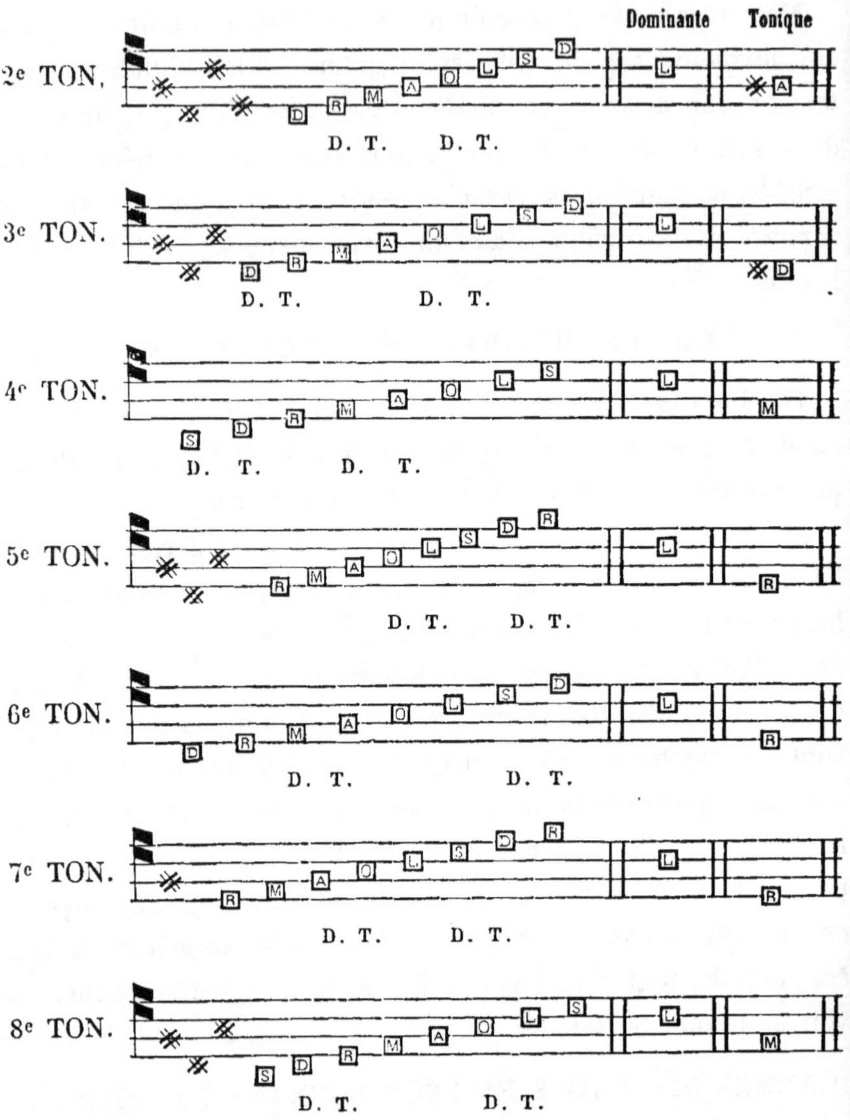

Les gammes sont comme l'alphabet du Plain-Chant ; or leur étude est essentielle aux élèves. En les solfiant, ils devront surtout s'accoutumer à bien sentir et à bien exprimer la différence des tons et des demi-tons, différence sans laquelle il n'y a dans le chant ni caractère ni mélodie.

DES NEUMES OU GROUPES DE NOTES.

16° *Règle générale.* Pour bien exécuter les *neumes* il faut lier les notes avec douceur, et éviter, avec le plus grand soin, les coups de voix martelés et saccadés.

Les principaux neumes sont :

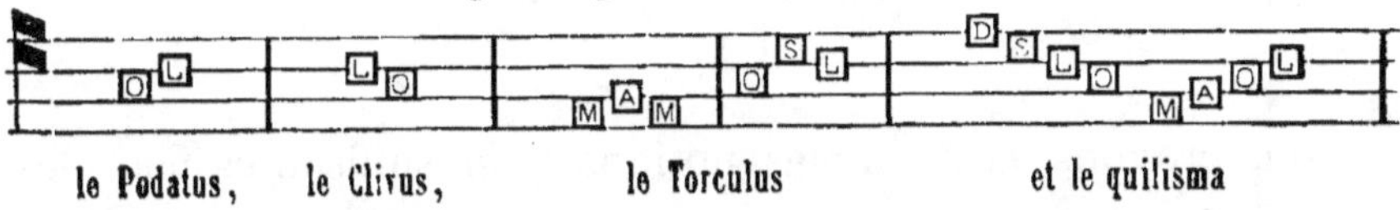

1° On accentue la note la plus élevée du *Clivus*.

2° Les trois notes du *Torculus* se font égales ; mais dans une succession de *Torculus*, on coule les notes doucement et l'on accentue la dernière.

3° On coule avec douceur les notes du *Quilisma*, et l'on accentue la plus élevée.

DES MORCEAUX SYLLABIQUES.

17° Pour bien exécuter les morceaux de chant syllabiques, c'est-à-dire ceux qui n'ont le plus souvent qu'une note sur chaque syllabe, on accentue : 1° tous les monosyllabes ; 2° la première syllabe des mots de deux syllabes ; 3° l'avant-dernière des mots qui en ont trois et plus. Si cette syllabe est brève prosodiquement, on accentue celle qui la précède.

EXEMPLE :

Les notes sur lesquelles la voix doit s'appuyer sont marquées par une queue.

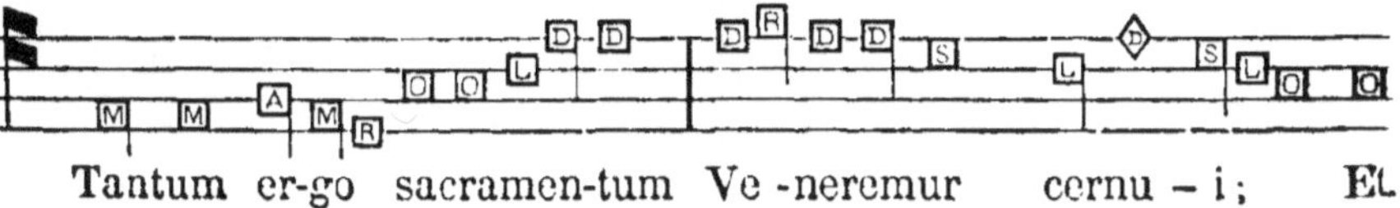

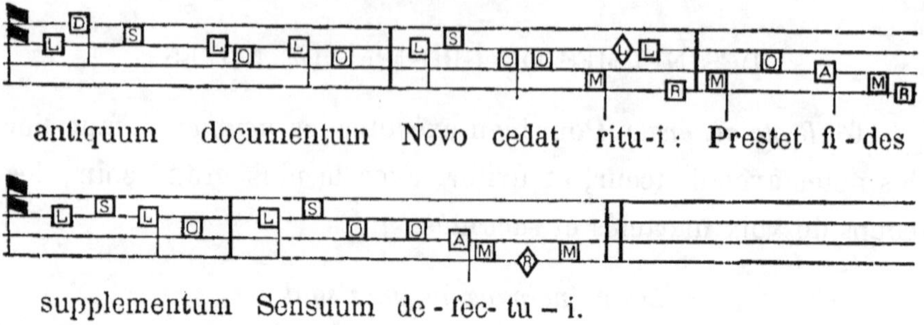

Nous croyons ces simples notions bien suffisantes pour les enfants des écoles primaires ; cependant MM. les professeurs pourront les compléter par quelques explications appropriées à l'intelligence de leurs élèves.

PREMIÈRE LEÇON.

INTONATION.

DEUXIÈME LEÇON.

ÉTUDE DES INTERVALLES DE SECONDE ET TIERCE.

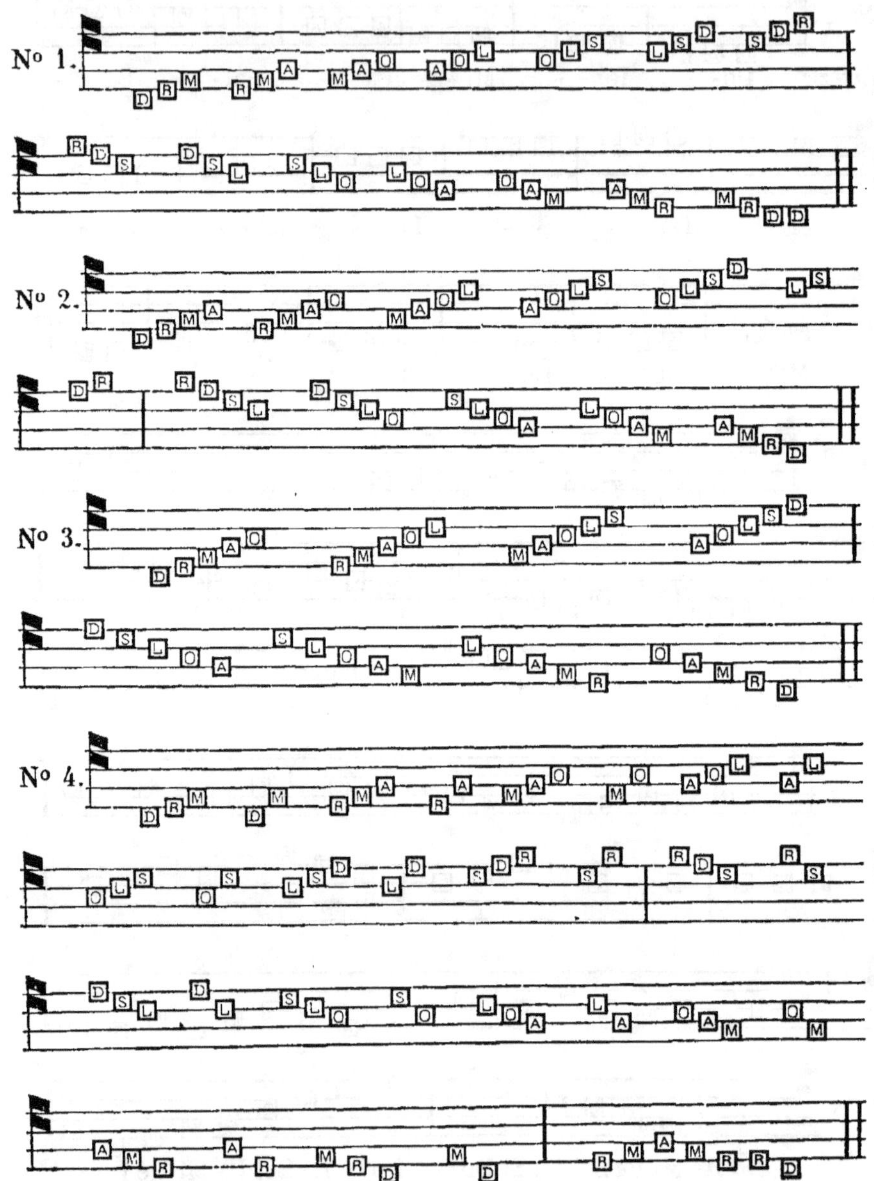

TROISIÈME LEÇON.

ÉTUDE DES INTERVALLES DE QUARTE.

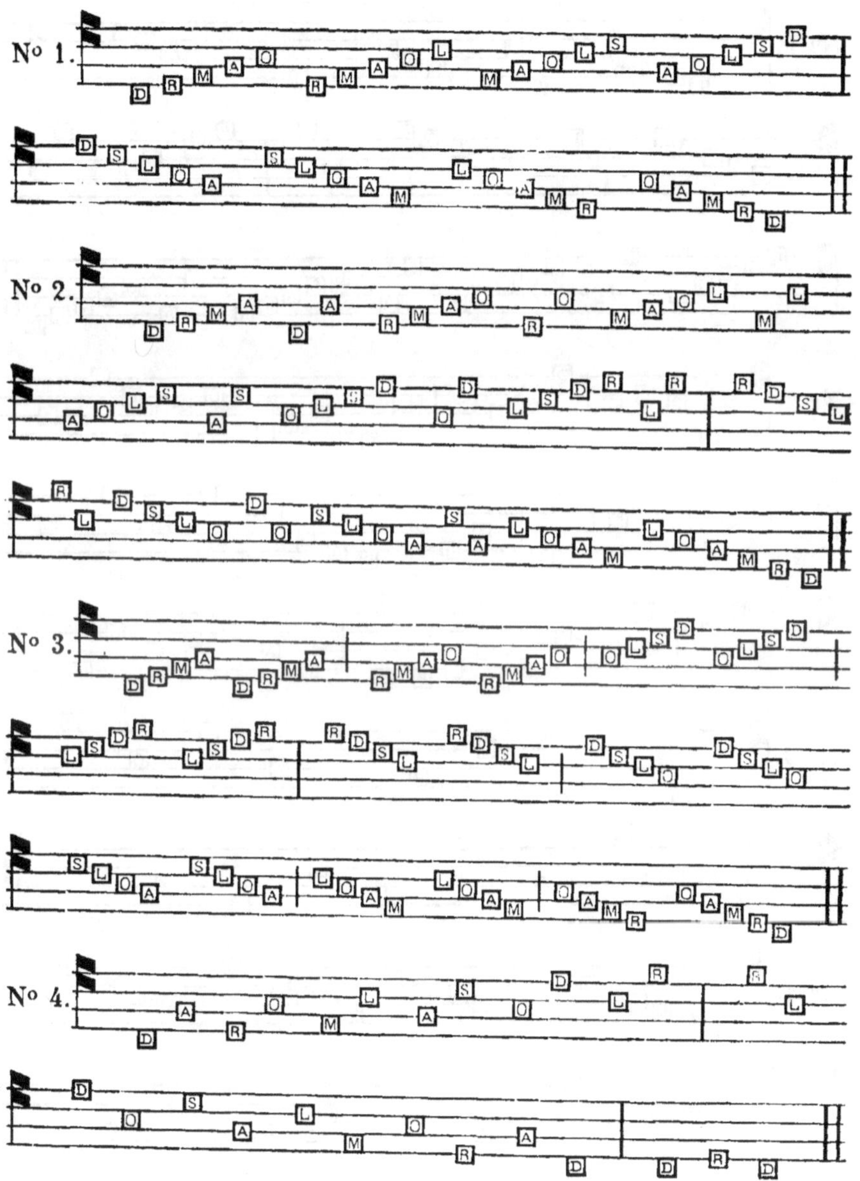

QUATRIÈME LEÇON.

ÉTUDE DES INTERVALLES DE QUINTE.

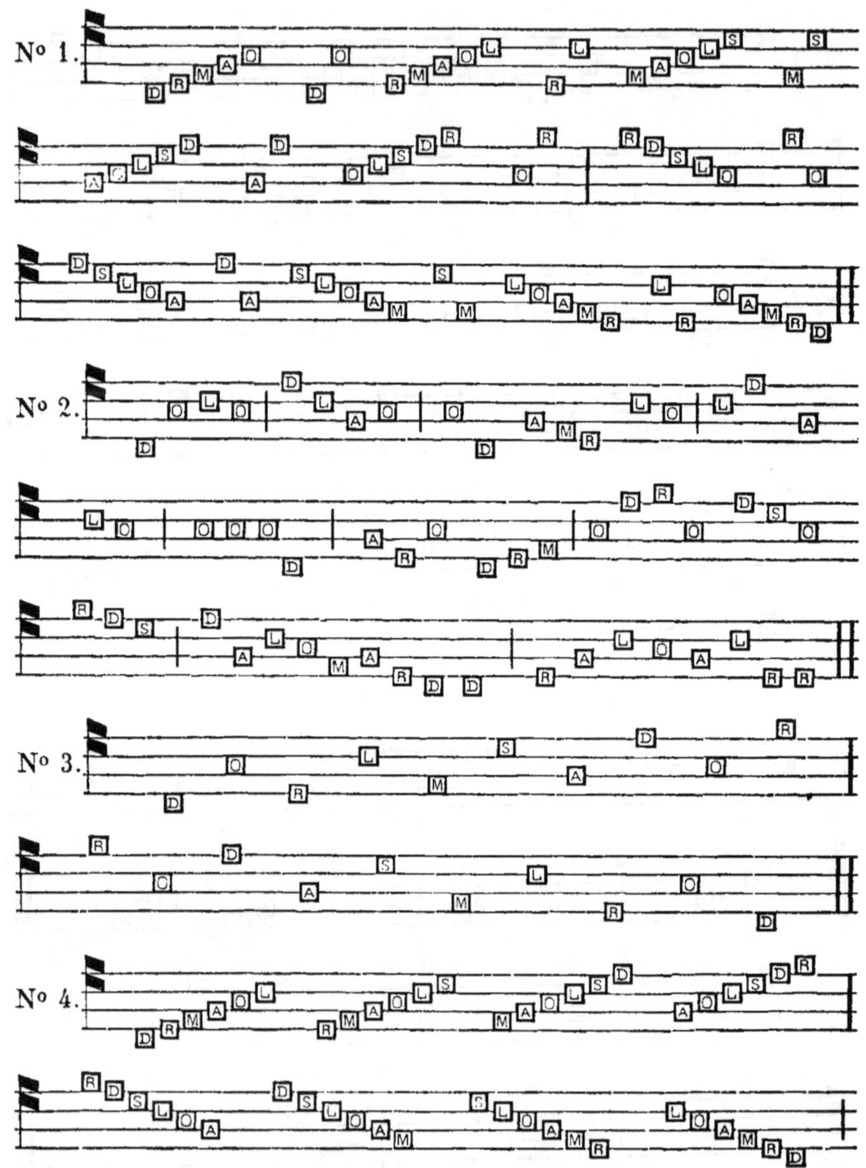

CINQUIÈME LEÇON.

ÉTUDE DES INTERVALLES DE SIXTE.

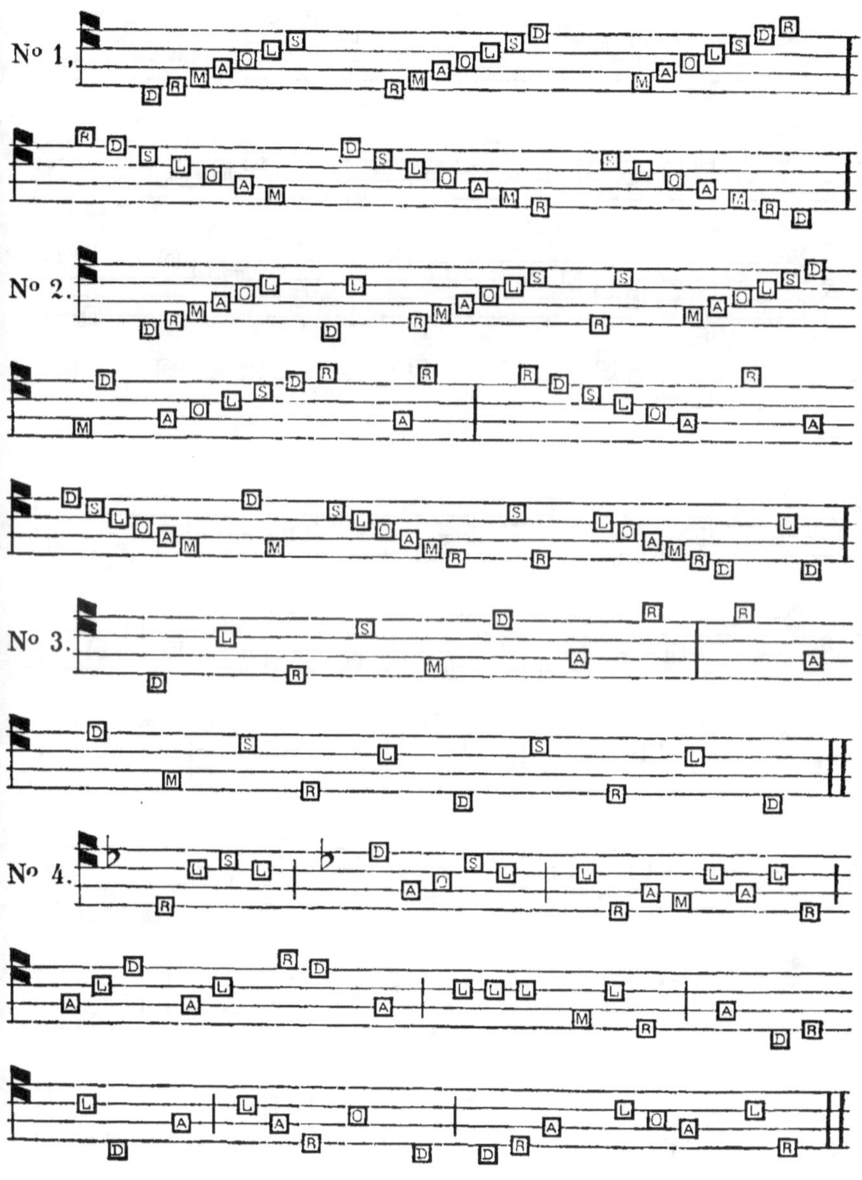

SIXIÈME LEÇON

ÉTUDE DES INTERVALLES DE SEPTIÈME.

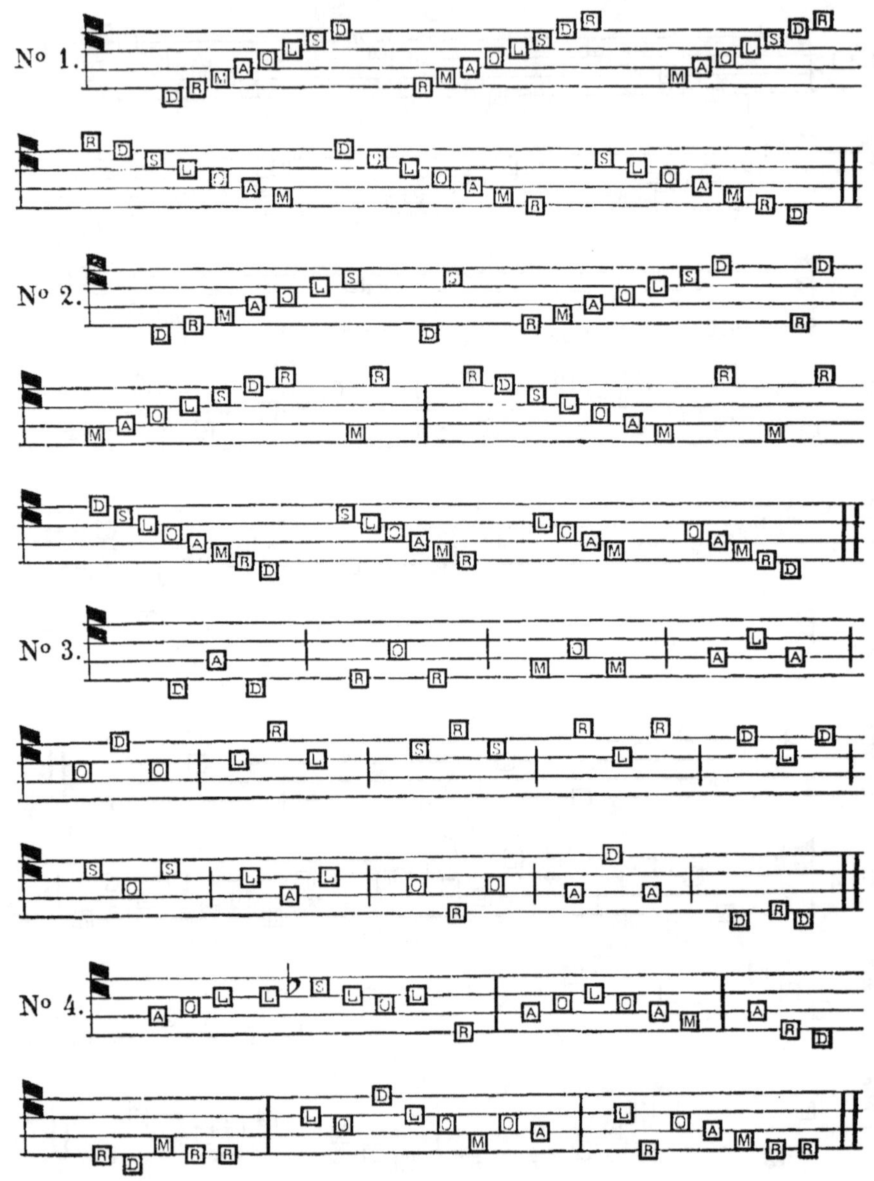

SEPTIÈME LEÇON

PRINCIPALES FORMULES DU 1er TON.

BÉMOL ACCIDENTEL.

FORMULES DU 1er TON.

BÉMOL ACCIDENTEL.

APPLICATION DES NOTES AUX PAROLES

INTROÏT DE LA FÊTE DE TOUS LES SAINTS.

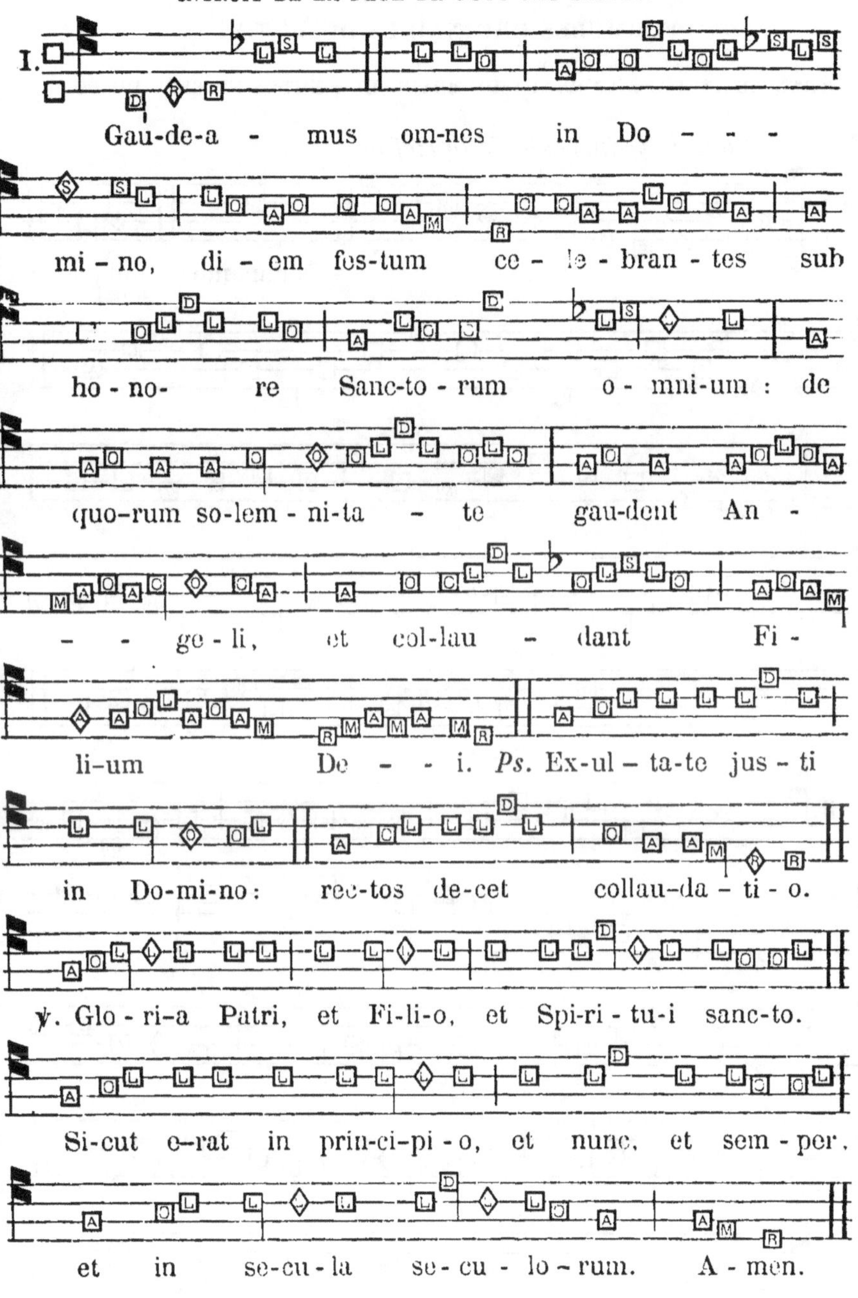

HUITIÈME LEÇON

FORMULES ORDINAIRES DU 2e TON

TRANPOSÉES DANS UN DIAPASON MOYEN ET ÉCRITES EN CLEF DE DO.

Gamme transposée de la clef de FA

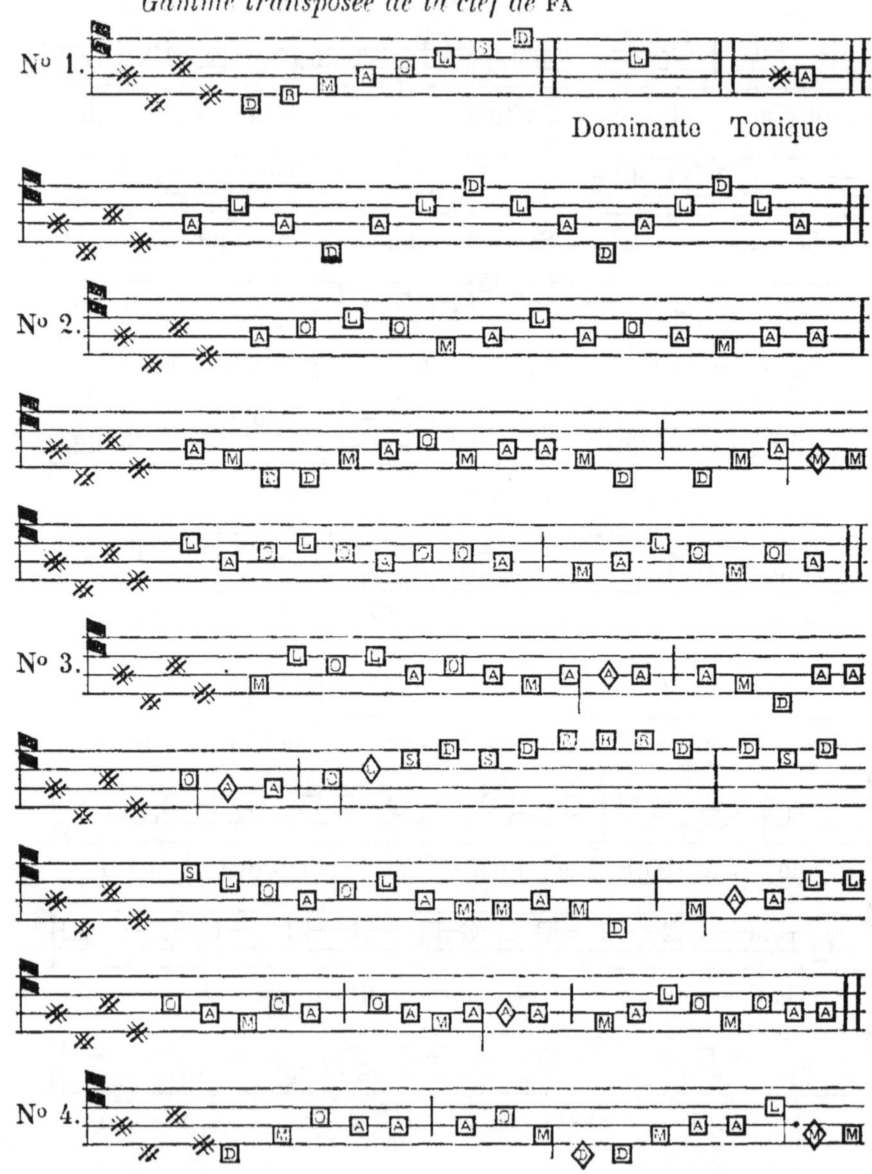

FORMULES ORDINAIRES DU 2e TON

TRANSPOSÉES DANS UN DIAPASON MOYEN.

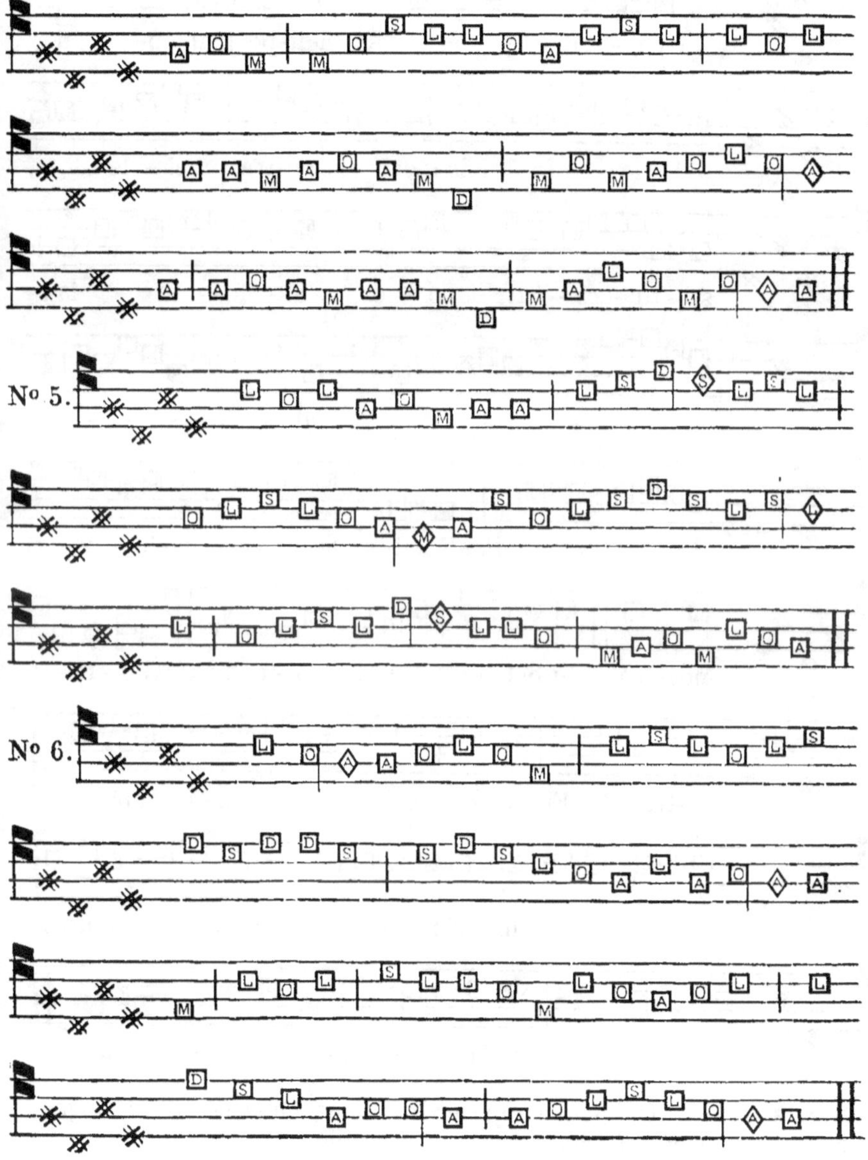

APPLICATION DES NOTES AUX PAROLES

INTROÏT DE LA FÊTE DU SAINT-SACREMENT

TRANSPOSÉ DU 2e TON.

Remarque. — On peut supposer les notes haussées d'un degré, et chanter avec un *si bémol*, au lieu de 4 dièzes.

NEUVIÈME LEÇON

FORMULES DU 3e TON.

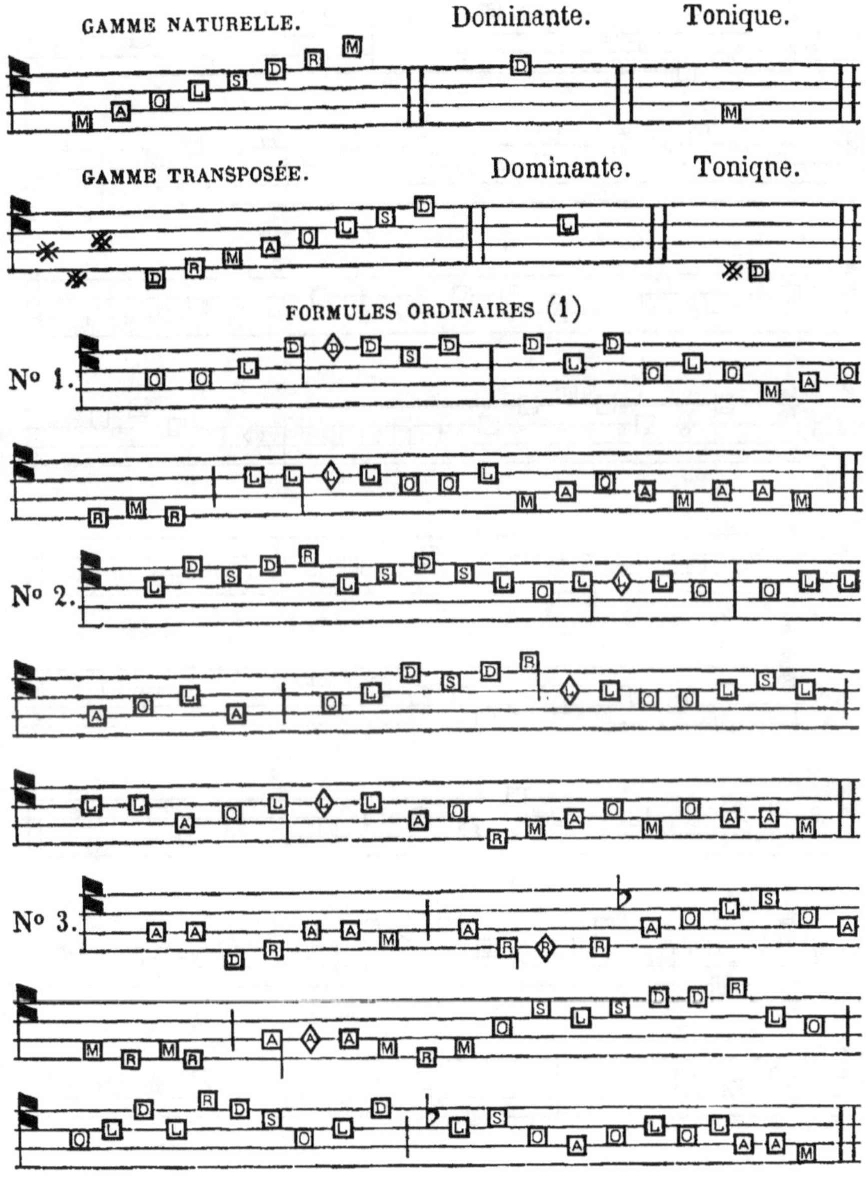

(1) Dans le Paroissien, les morceaux notés trop haut seront transposés.

FORMULES DU 3e TON.

APPLICATION DES NOTES AUX PAROLES

INTROÏT DE LA FÊTE DE SAINT-LAURENT

(10 août)

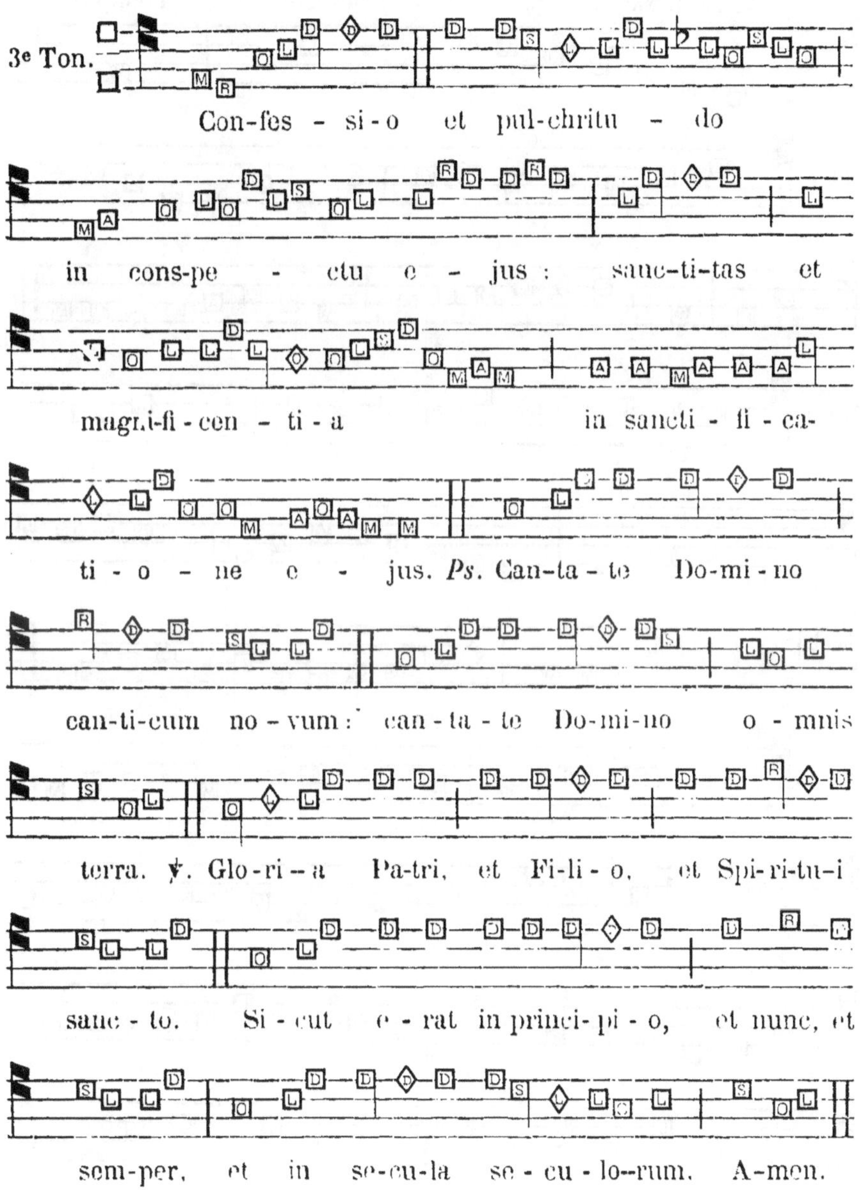

DIXIÈME LEÇON

FORMULES DU 4e TON

BÈMOL ACCIDENTEL.

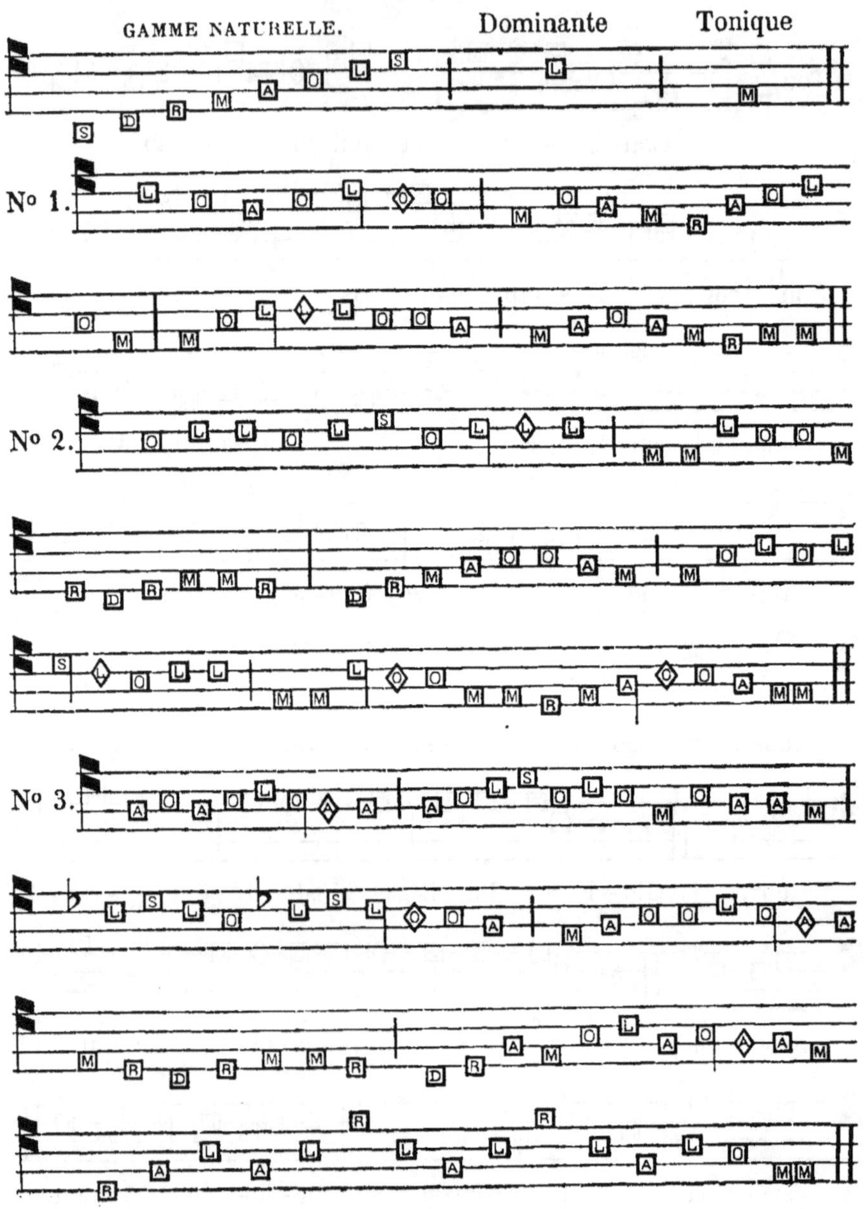

APPLICATION DES NOTES AUX PAROLES.

INTROÏT DU JEUDI SAINT

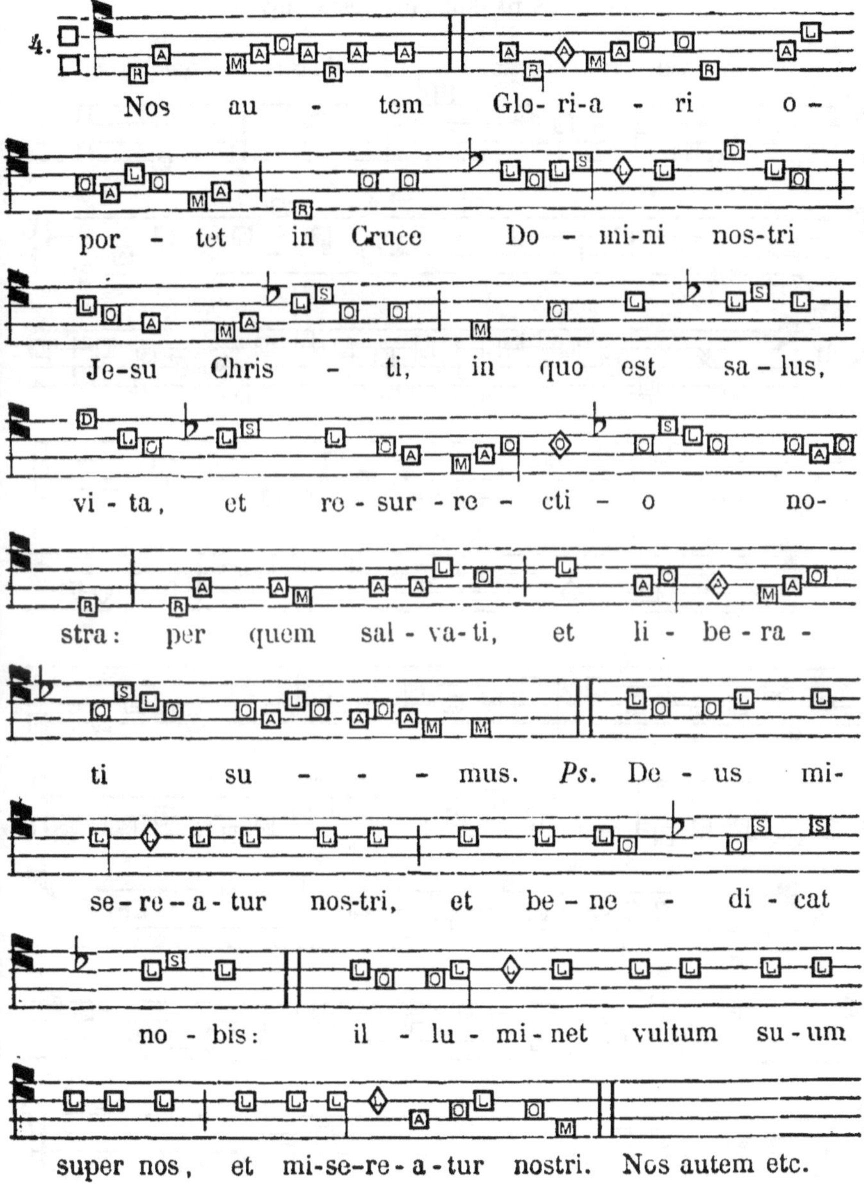

ONZIÈME LEÇON

FORMULES DU 5e TON

TRANSPOSÉES DANS UN DIAPASON MOYEN.

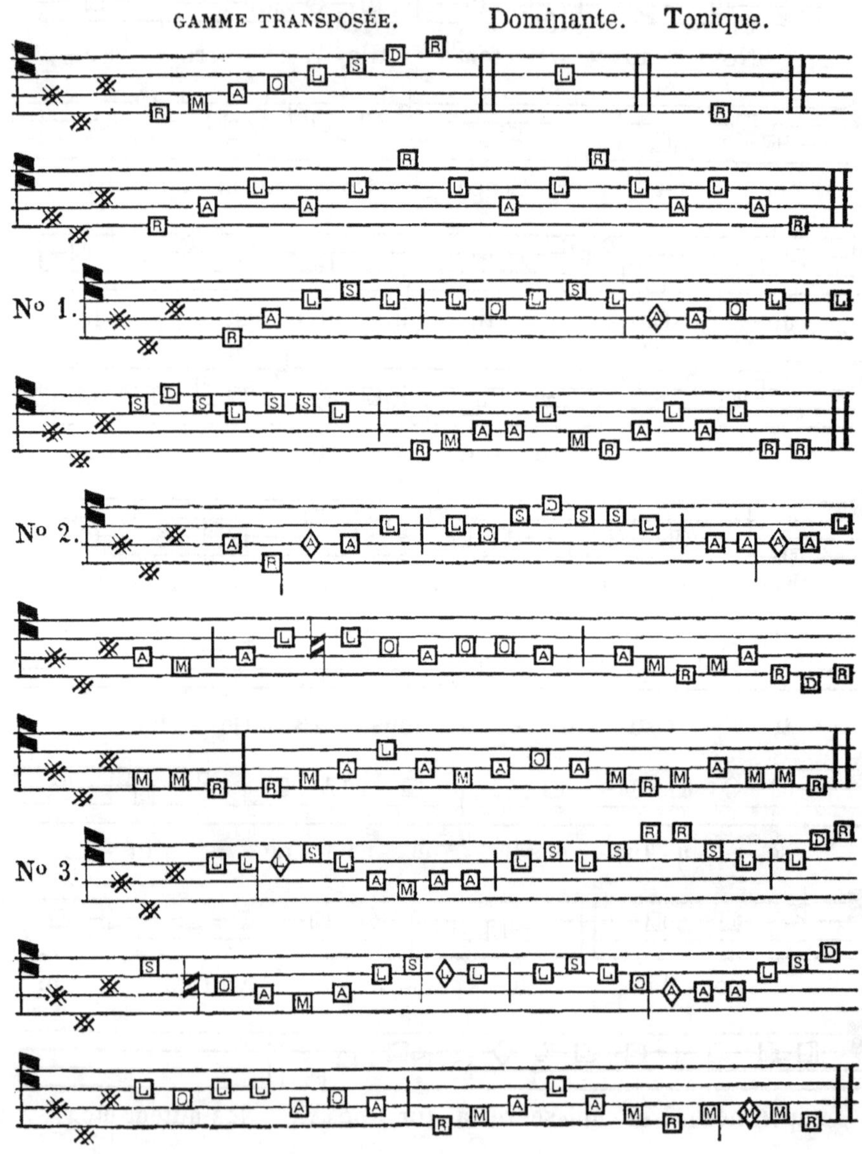

APPLICATION DES NOTES AUX PAROLES

INTROÏT DU DIMANCHE DE LA SEPTUAGÉSIME

TRANSPOSÉ DU 5e TON.

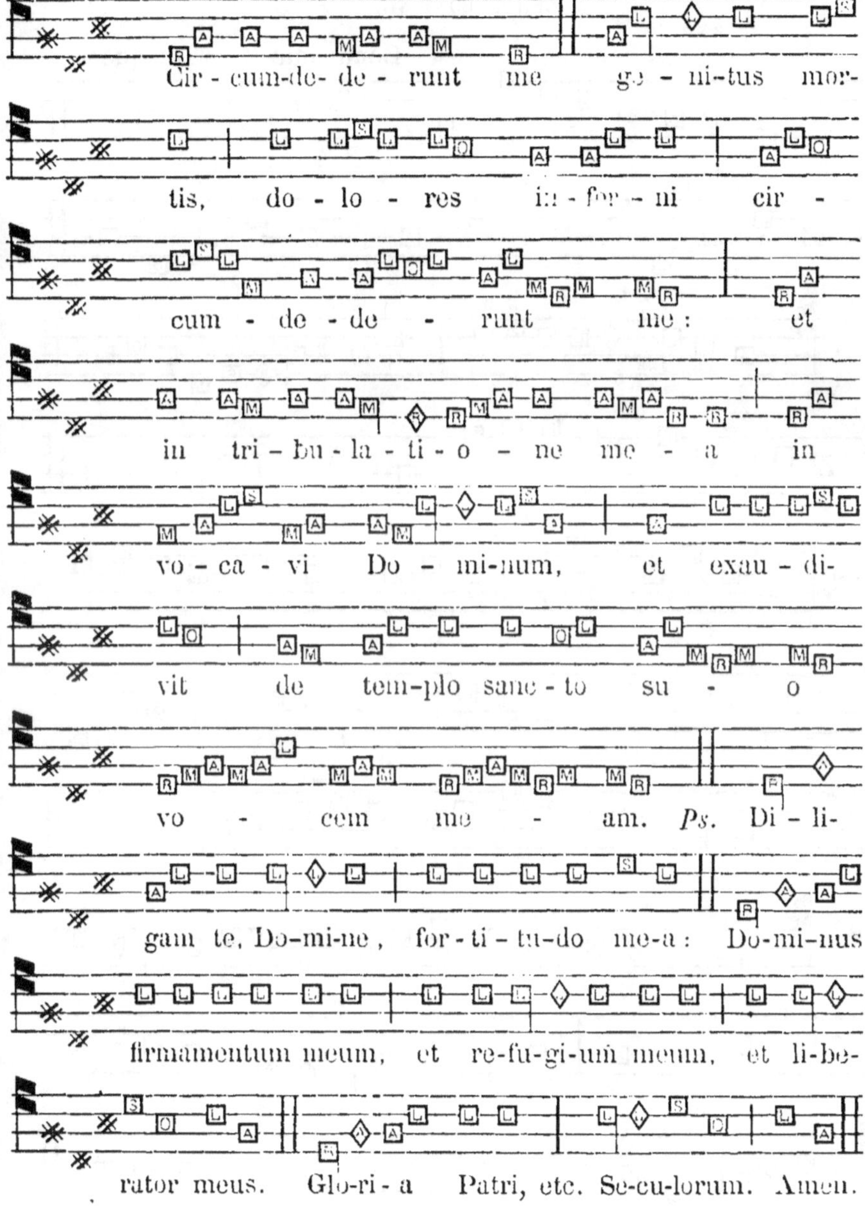

DOUZIÈME LEÇON

FORMULES DU 6e TON.

BÉMOL CONTINU.

FORMULES DU 6e TON

EXERCICES SUR LE BÉMOL.

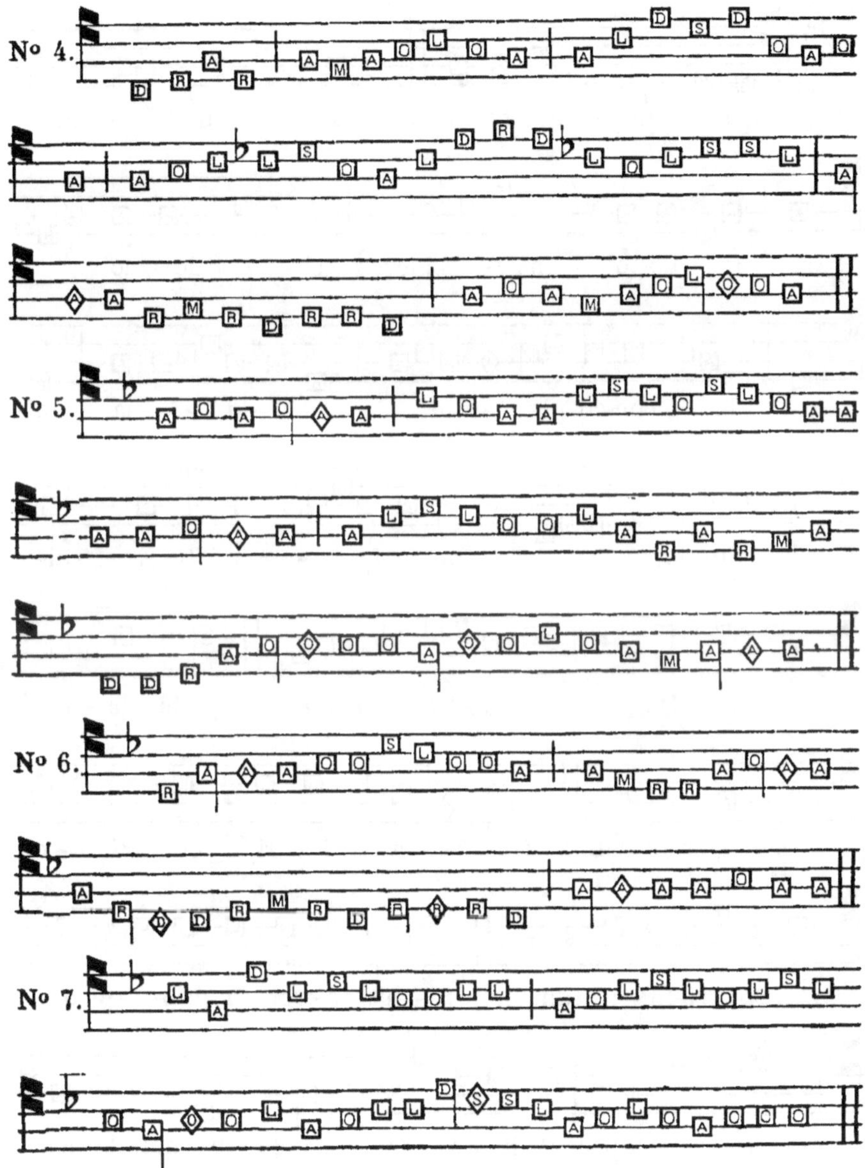

APPLICATION DES NOTES AUX PAROLES.

INTROÏT DU DIMANCHE DE QUASIMODO.

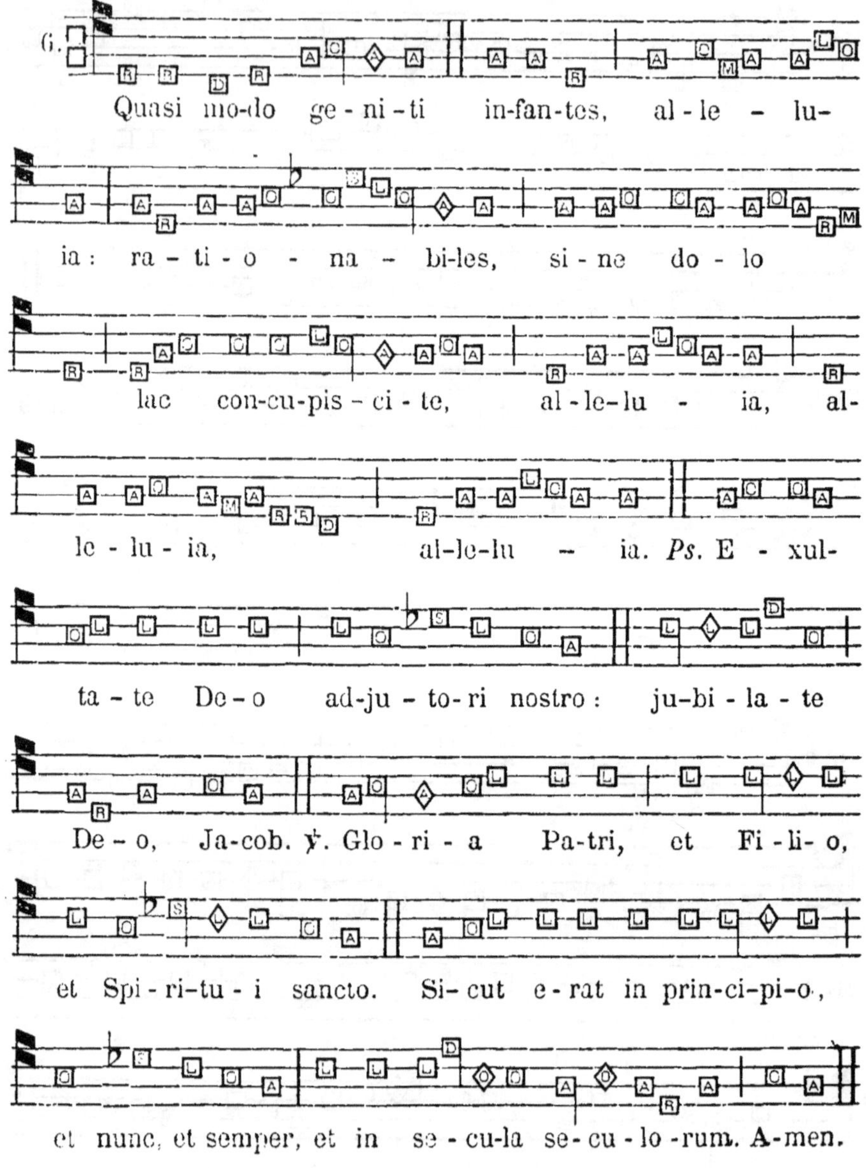

TREIZIÈME LEÇON.

FORMULES DU 7e TON

TRANSPOSÉES DANS UN DIAPASION MOYEN.

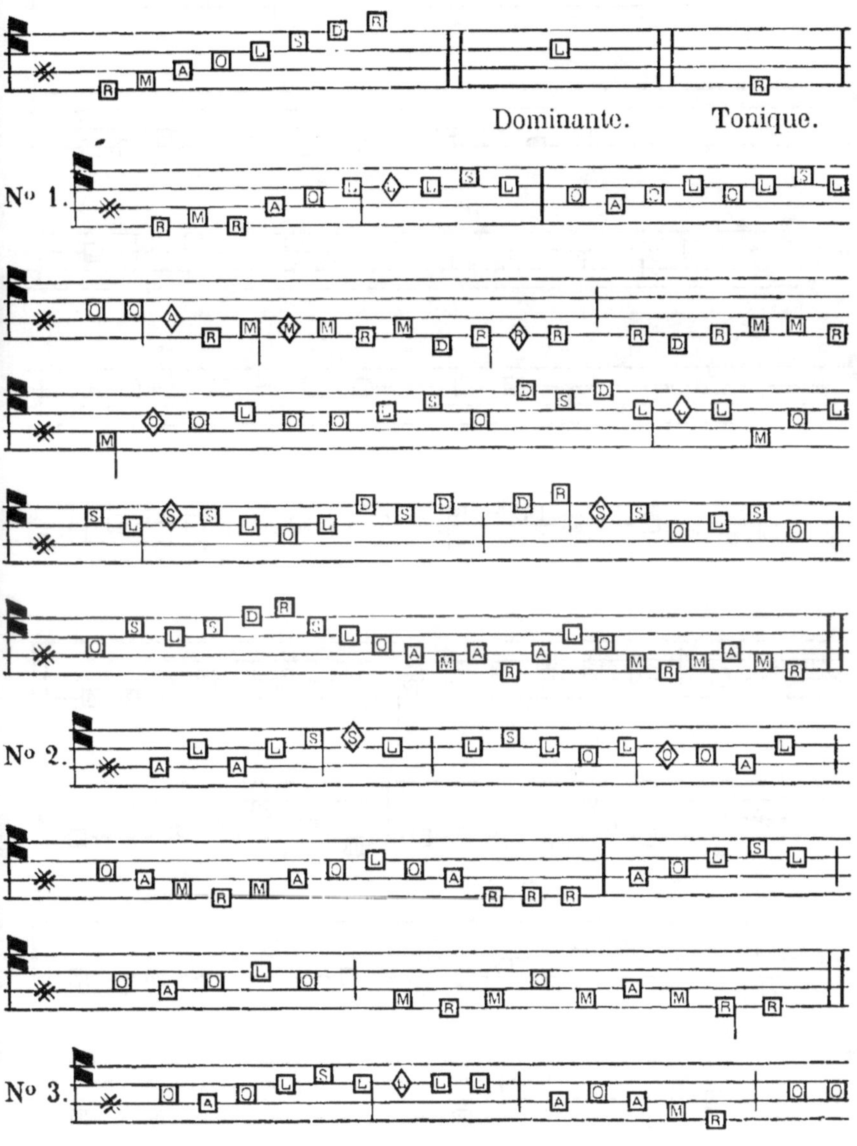

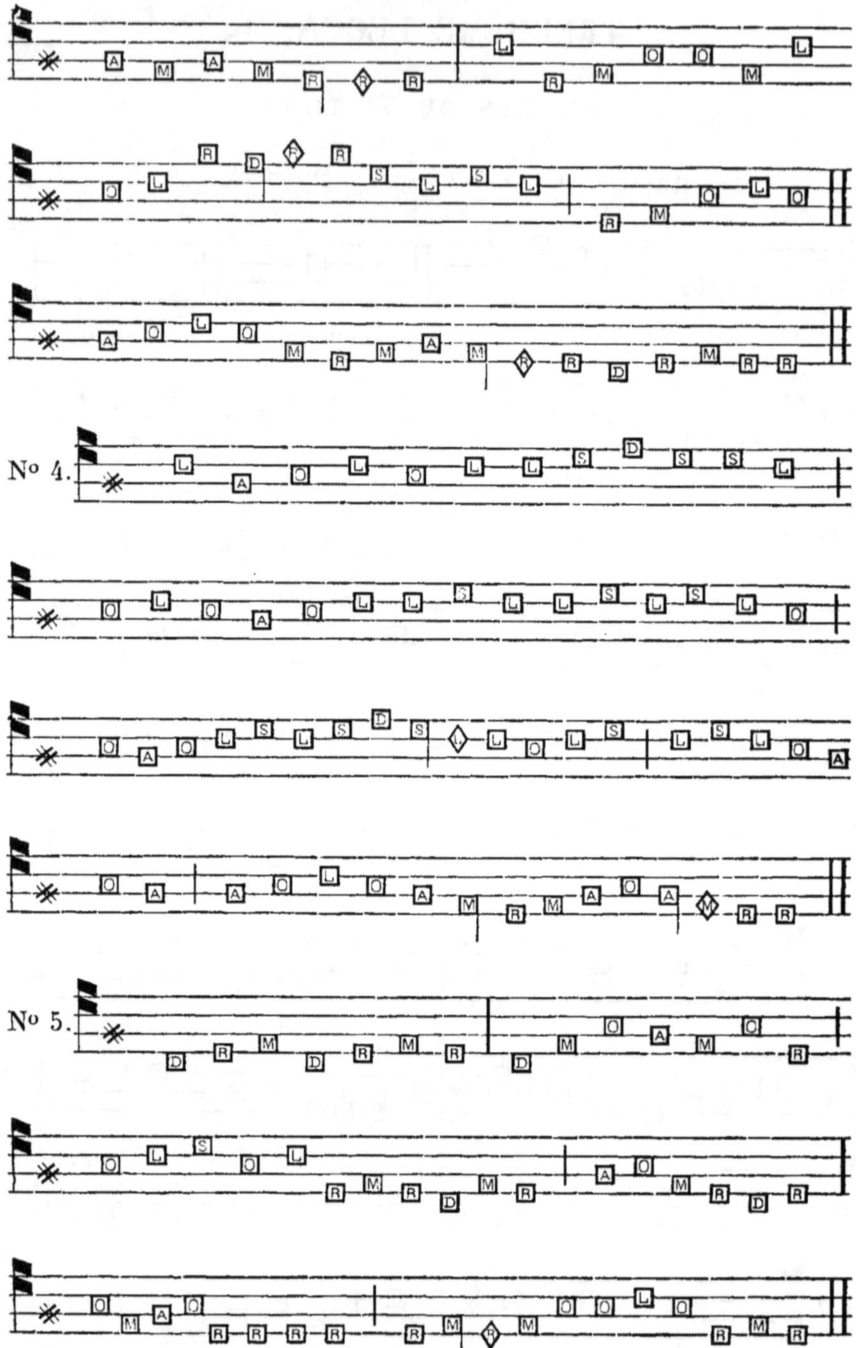
Nº 4.
Nº 5.

APPLICATION DES NOTES AUX PAROLES

COMMUNION DU SAINT JOUR DE LA PENTECÔTE

TRANSPOSÉE DU 7e TON.

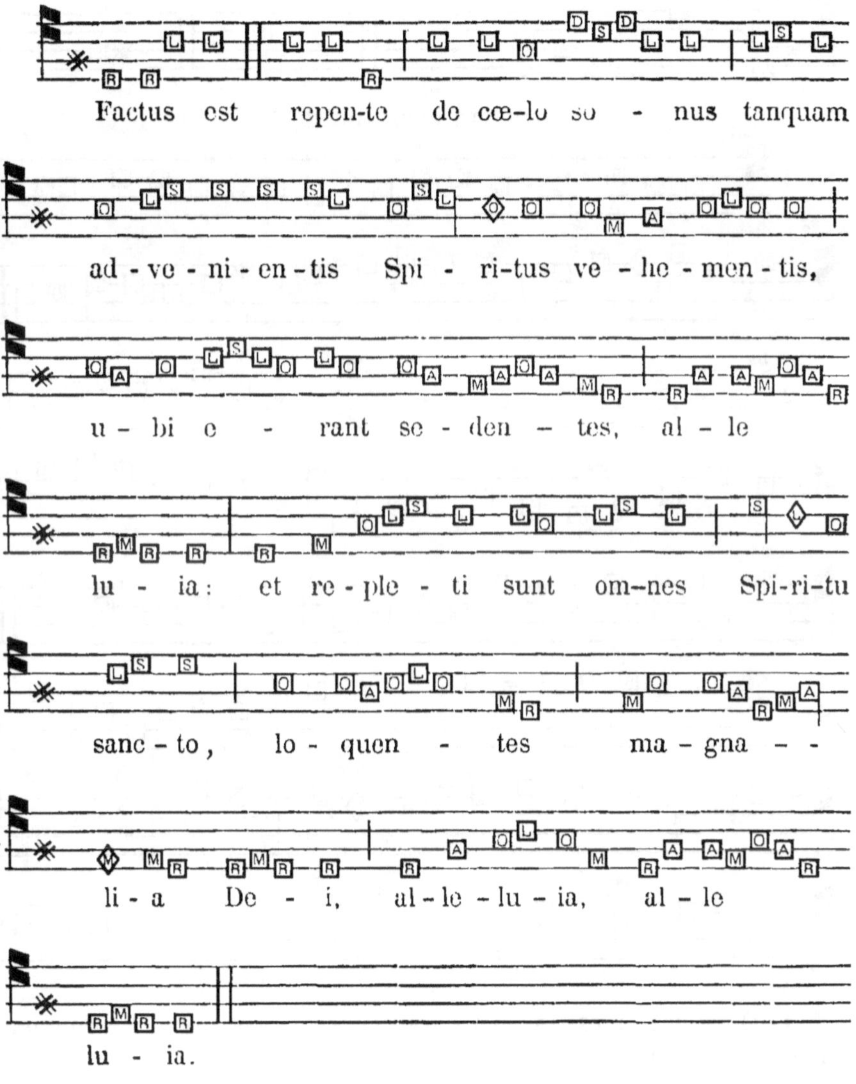

QUATORZIÈME LEÇON.

FORMULES DU 8e TON.

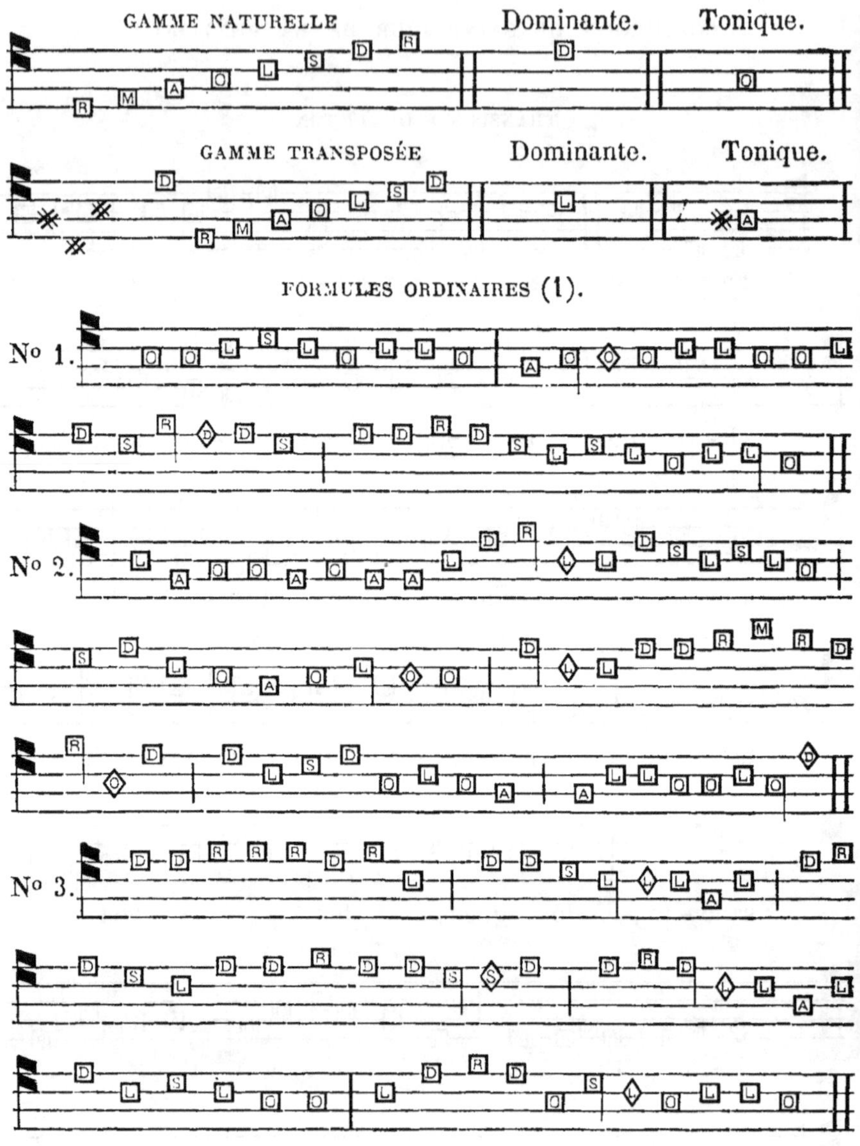

(1) Dans le Paroissien, nous transposerons les morceaux de chant notés trop haut.

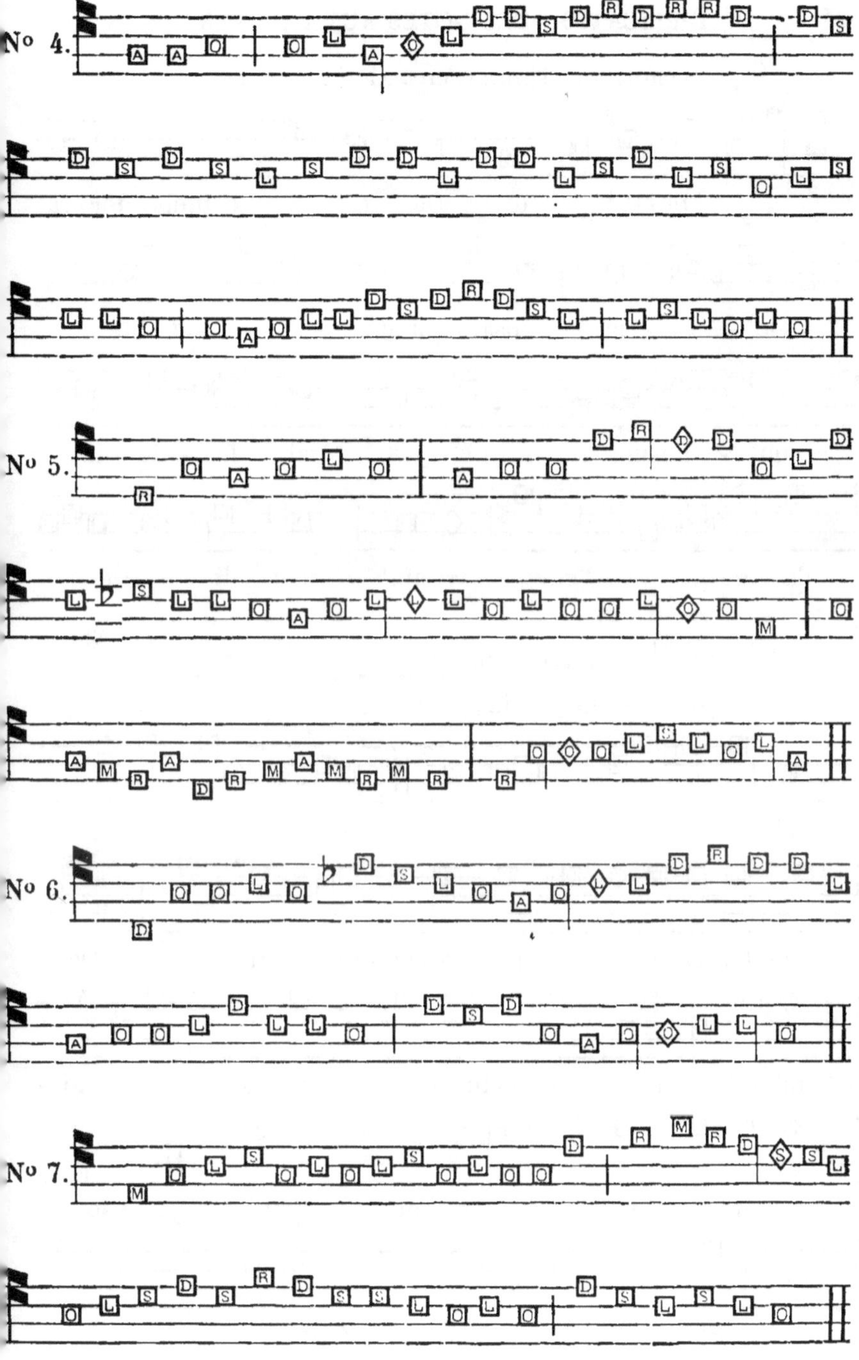
N° 4.
N° 5.
N° 6.
N° 7.

APPLICATION DES NOTES AUX PAROLES

INTROÏT DU 3e DIMANCHE APRÈS PAQUES.

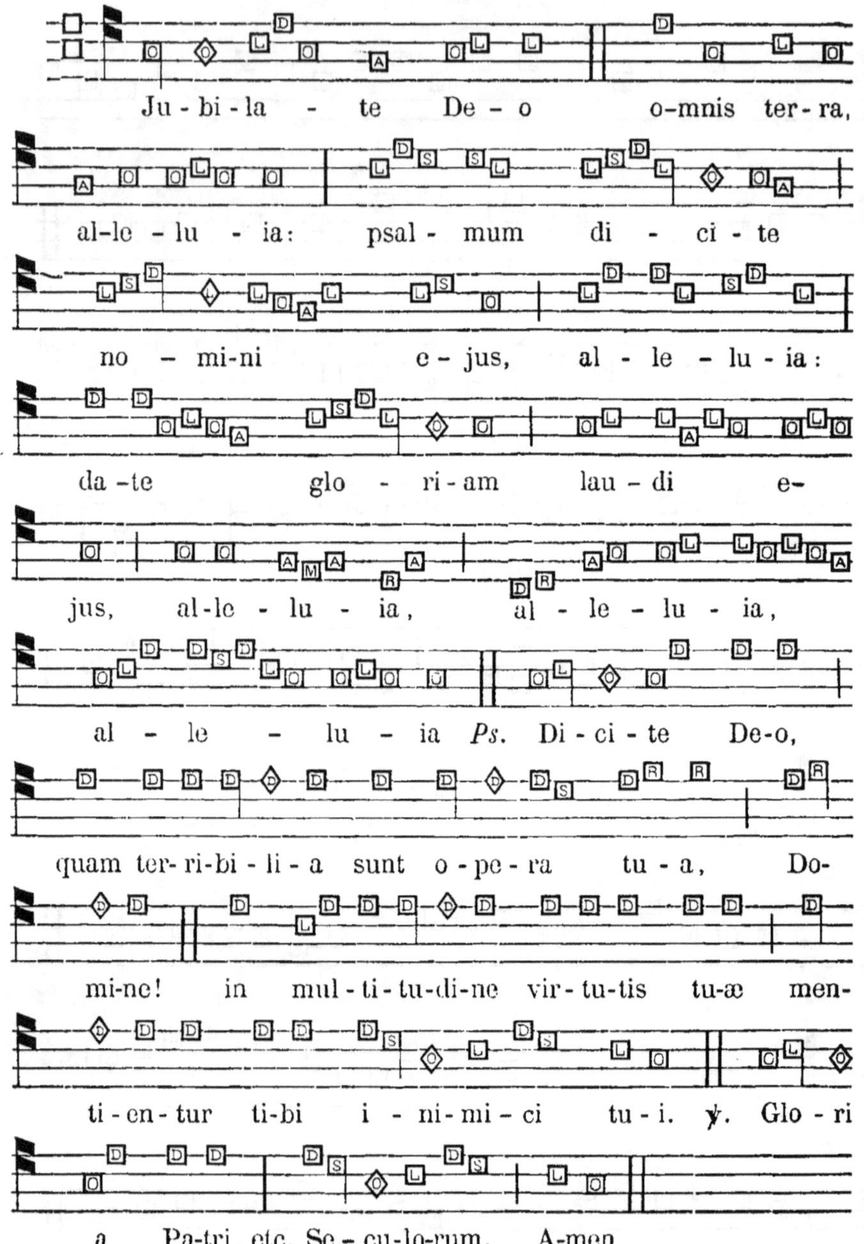

XVe LEÇON

TONS DES PSAUMES

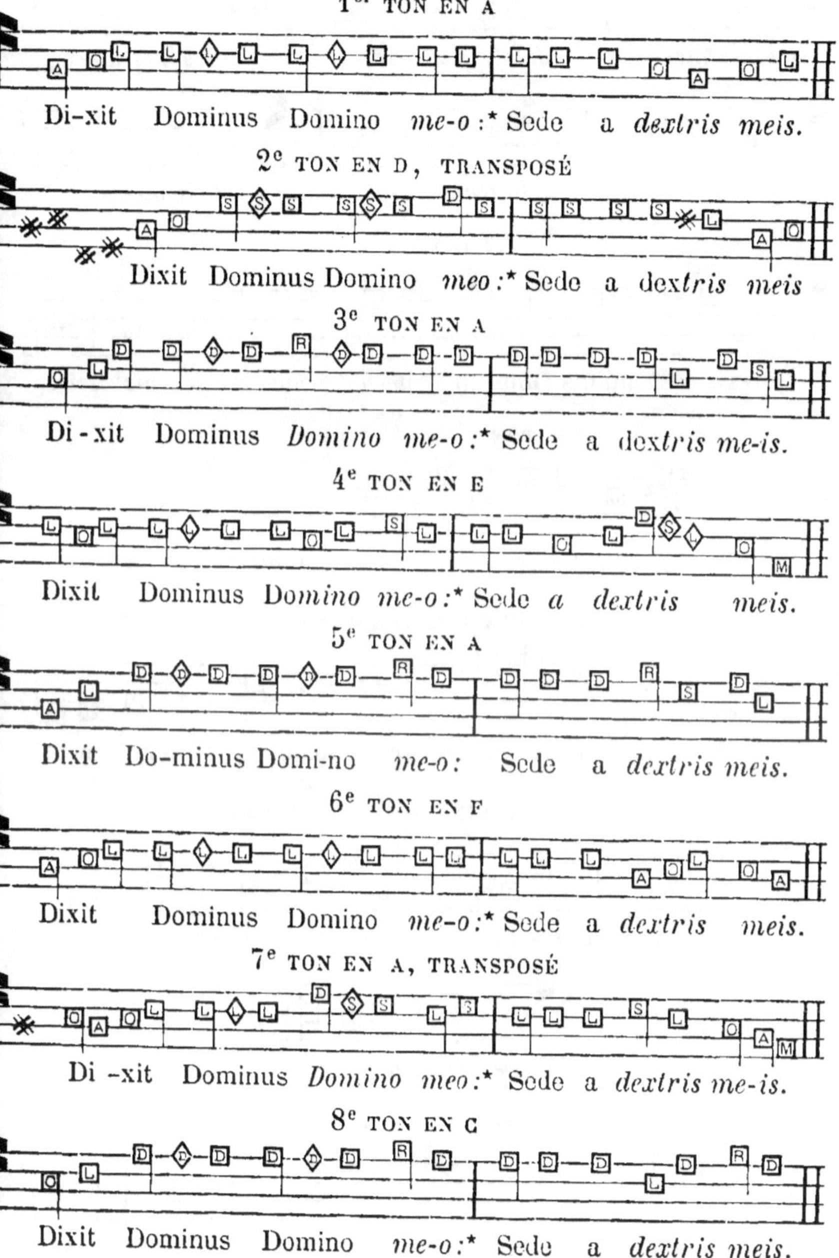

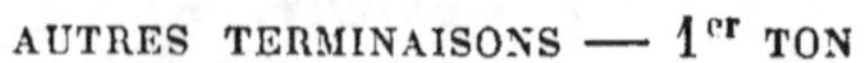

AUTRES TERMINAISONS — 1er TON

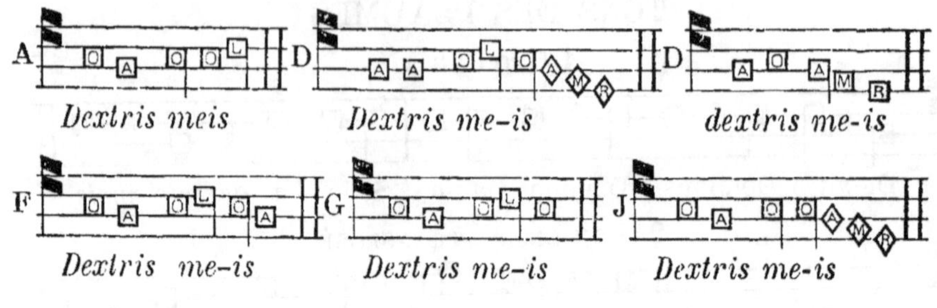

2e TON EN A

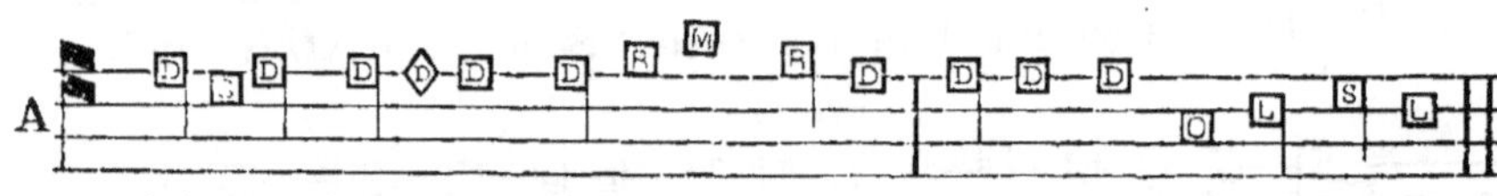

Di-xit Dominus Domino me-o :* Sede a *dextris meis.*

3e TON C — 4e TON E

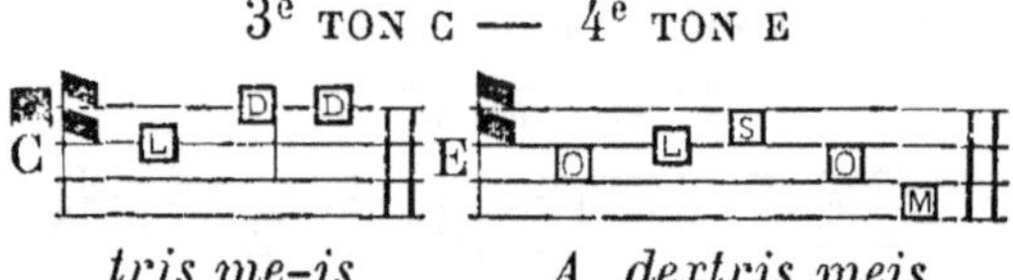

5e TON EN F, TRANSPOSÉ

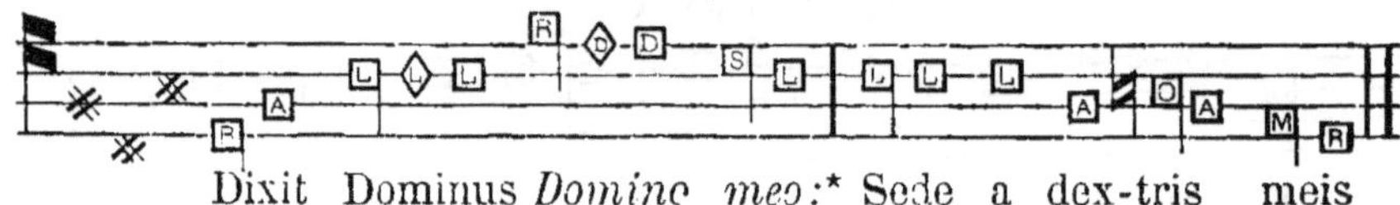

AUTRES TERMINAISONS DU 7e TON

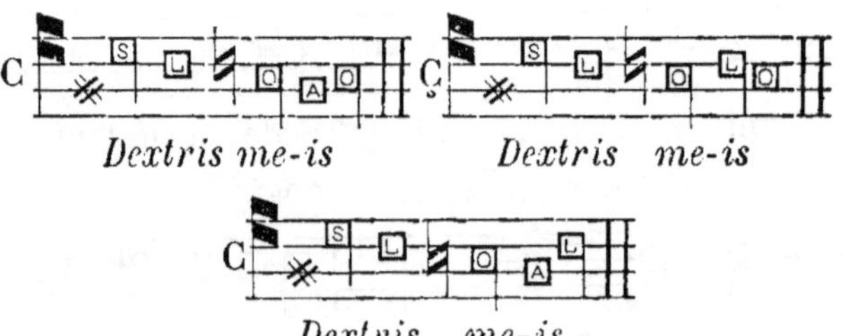

8e TON EN G.

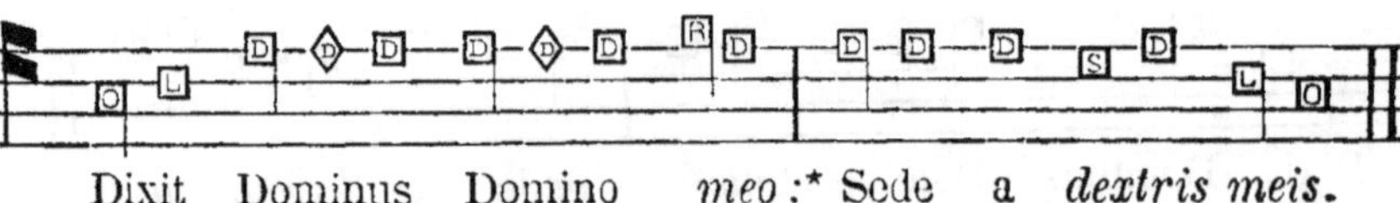

XVIe LEÇON

CHANT DES PSAUMES A UNE ET DEUX VOIX

DIXIT

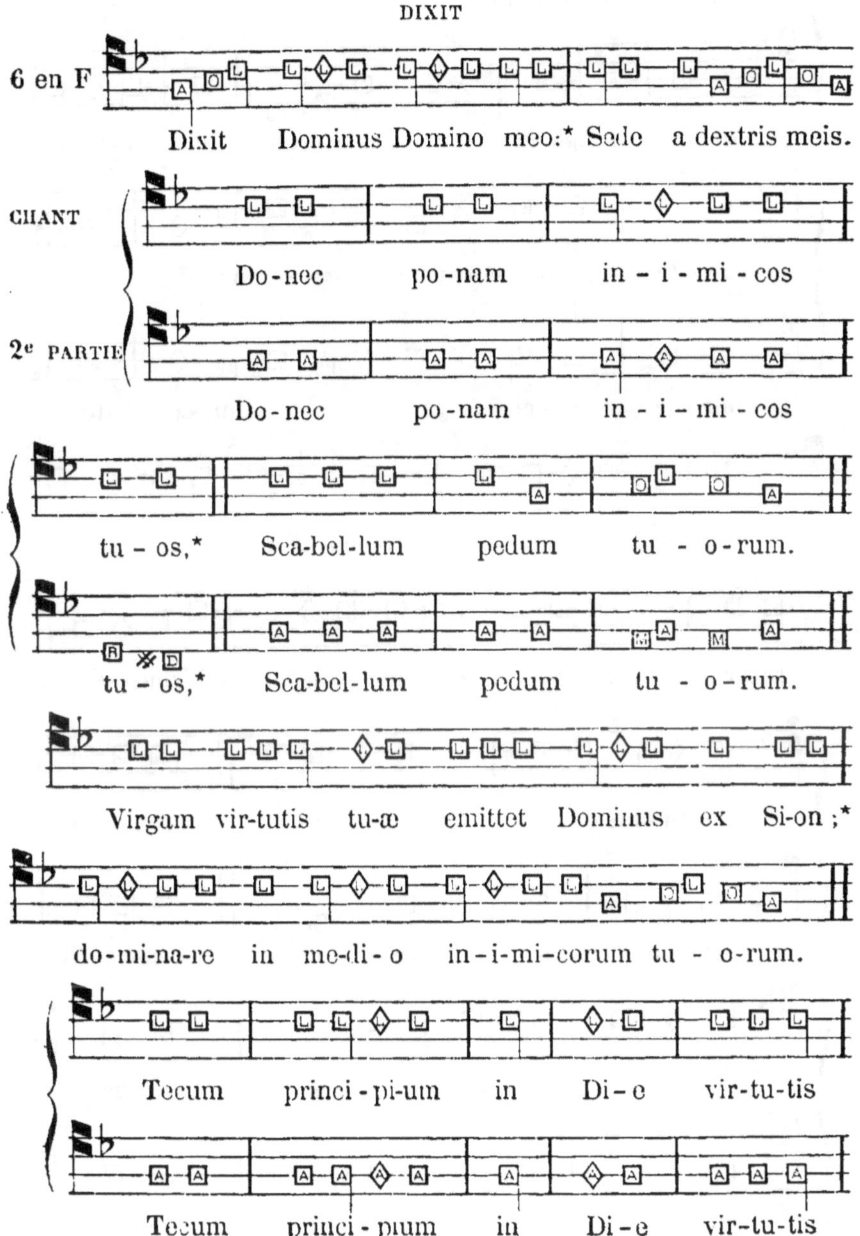

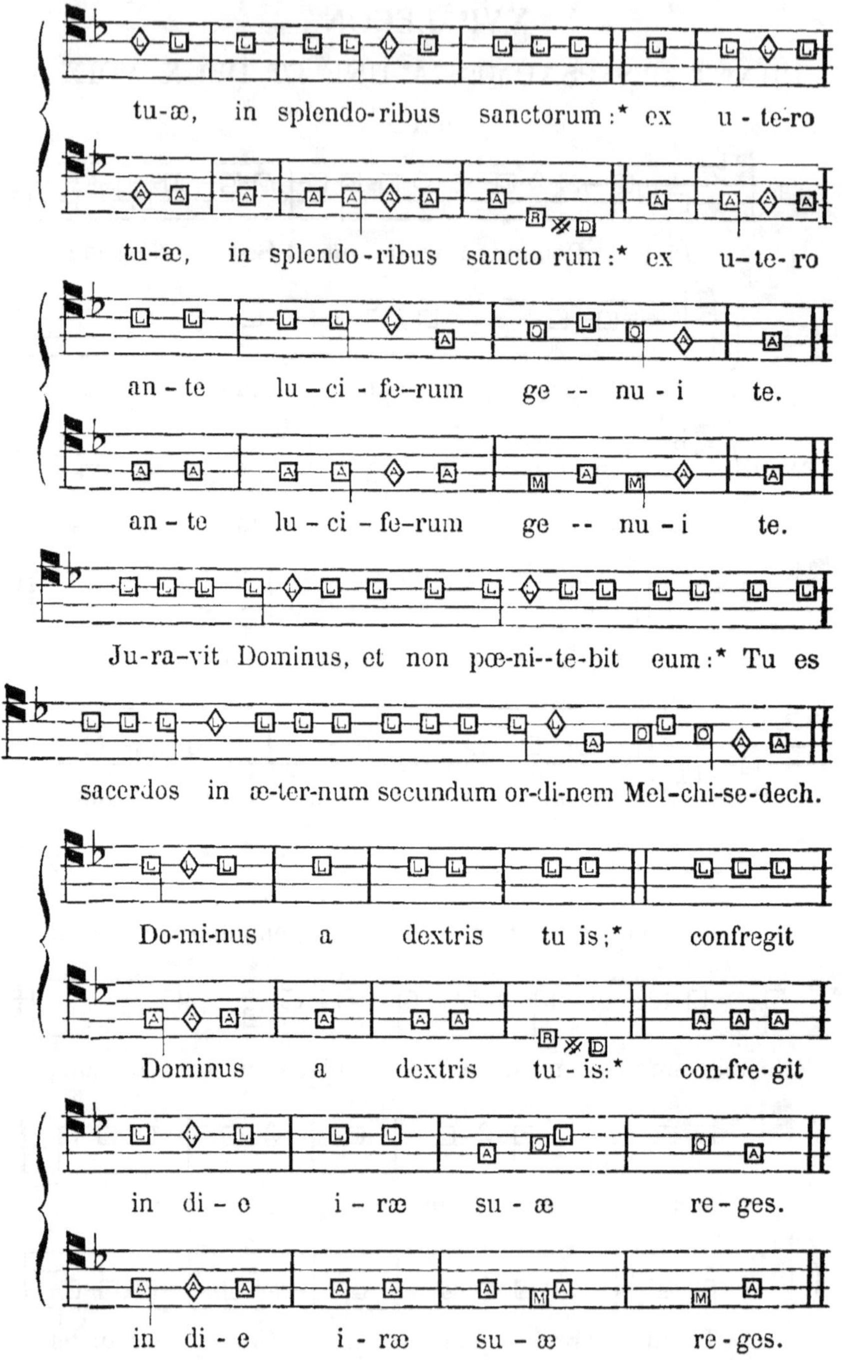
tu-æ, in splendo-ribus sanctorum :* ex u - te-ro
tu-æ, in splendo-ribus sancto rum :* ex u-te- ro
an - te lu - ci - fe--rum ge -- nu - i te.
an - te lu - ci - fe-rum ge -- nu - i te.
Ju-ra-vit Dominus, et non pœ-ni--te-bit eum :* Tu es
sacerdos in æ-ter-num secundum or-di-nem Mel-chi-se-dech.
Do-mi-nus a dextris tu is ;* confregit
Dominus a dextris tu - is:* con-fre-git
in di - e i - ræ su - æ re - ges.
in di - e i - ræ su - æ re - ges.

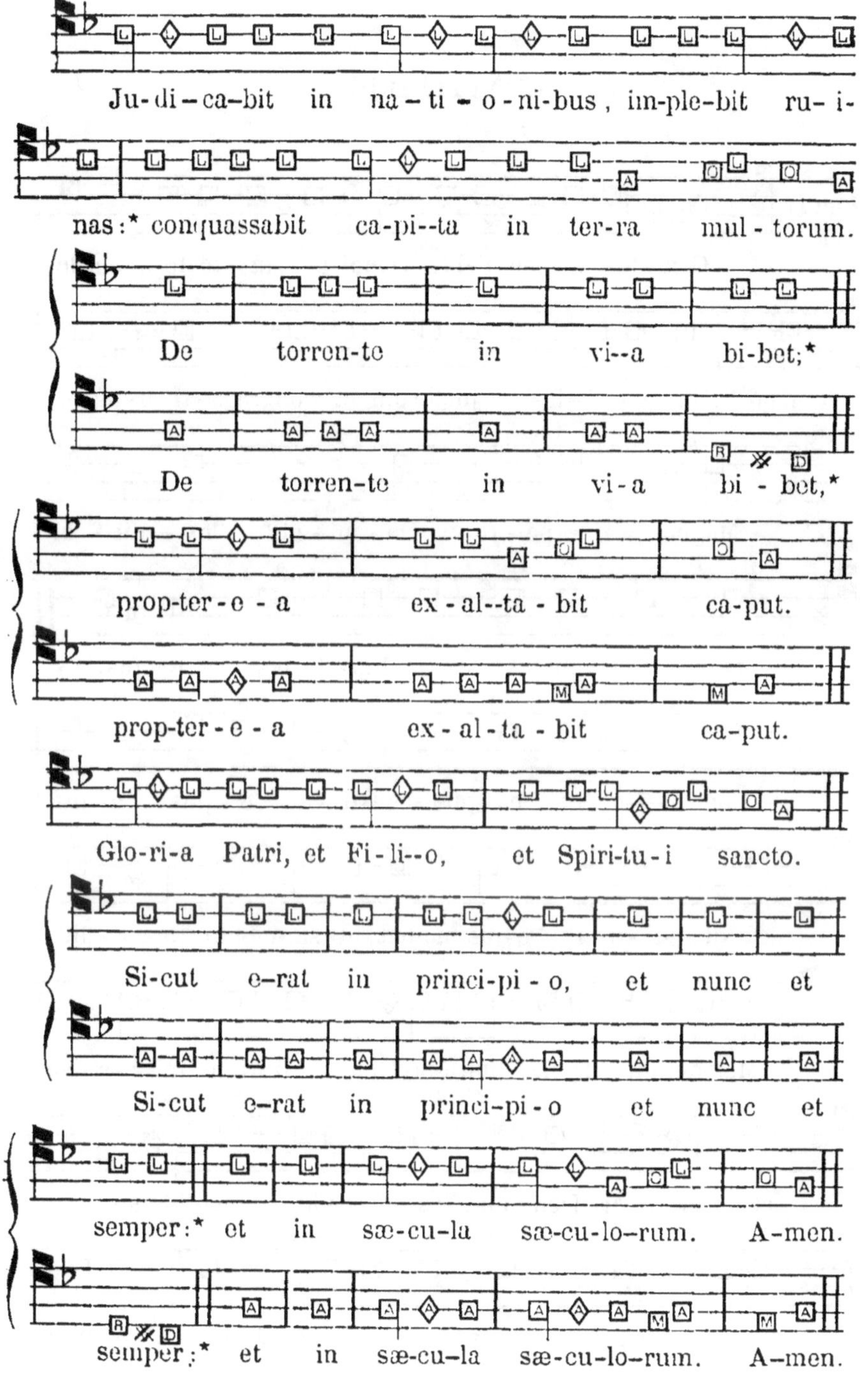
Ju-di-ca-bit in na-ti-o-ni-bus, im-ple-bit ru-i-
nas:* conquassabit ca-pi--ta in ter-ra mul-torum.
De torren-te in vi--a bi-bet;*
De torren-te in vi-a bi-bet,*
prop-ter-e-a ex-al--ta-bit ca-put.
prop-ter-e-a ex-al-ta-bit ca-put.
Glo-ri-a Patri, et Fi-li--o, et Spiri-tu-i sancto.
Si-cut e-rat in princi-pi-o, et nunc et
Si-cut e-rat in princi-pi-o et nunc et
semper:* et in sæ-cu-la sæ-cu-lo-rum. A-men.
semper:* et in sæ-cu-la sæ-cu-lo-rum. A-men.

CONFITEBOR

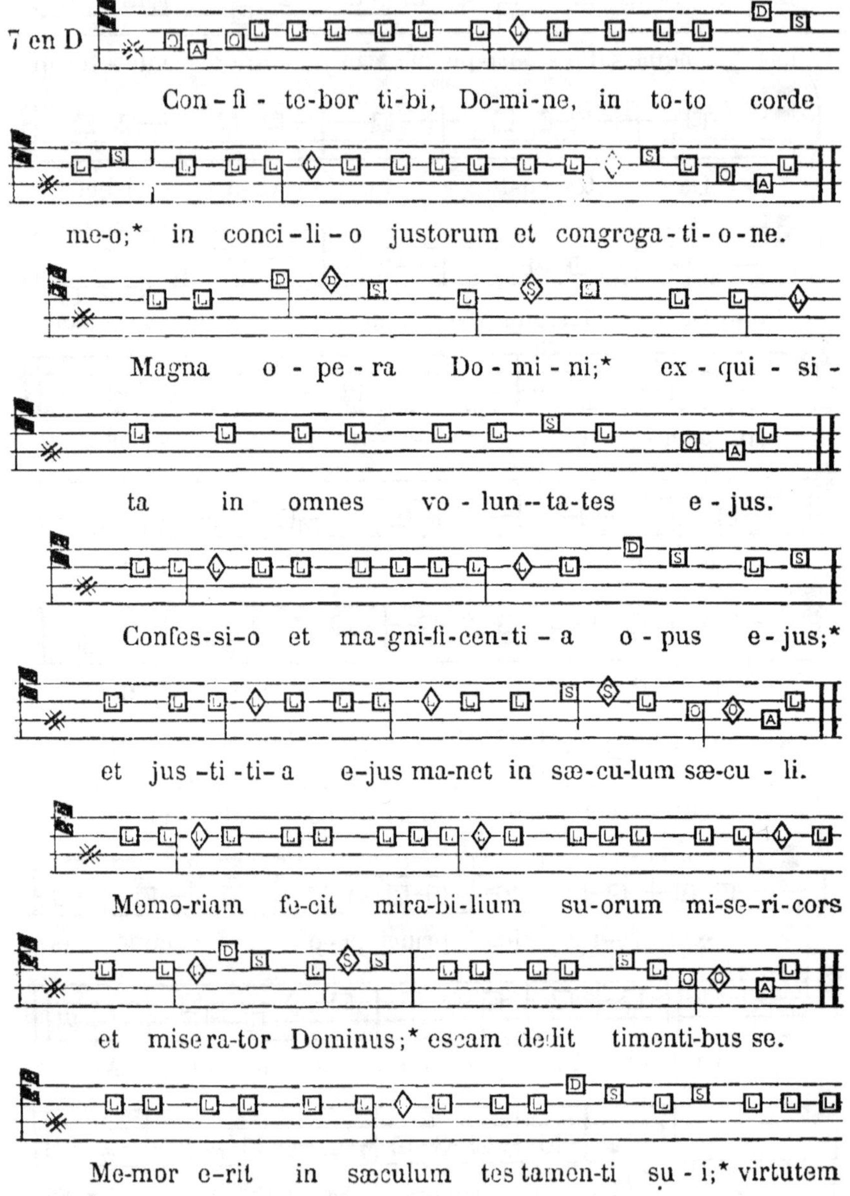
7 en D
Con-fi-te-bor ti-bi, Do-mi-ne, in to-to corde
me-o;* in conci-li-o justorum et congrega-ti-o-ne.
Magna o-pe-ra Do-mi-ni;* ex-qui-si-
ta in omnes vo-lun-ta-tes e-jus.
Confes-si-o et ma-gni-fi-cen-ti-a o-pus e-jus;*
et jus-ti-ti-a e-jus ma-net in sæ-cu-lum sæ-cu-li.
Memo-riam fe-cit mira-bi-lium su-orum mi-se-ri-cors
et mise ra-tor Dominus;* escam dedit timenti-bus se.
Me-mor e-rit in sæculum tes tamen-ti su-i;* virtutem

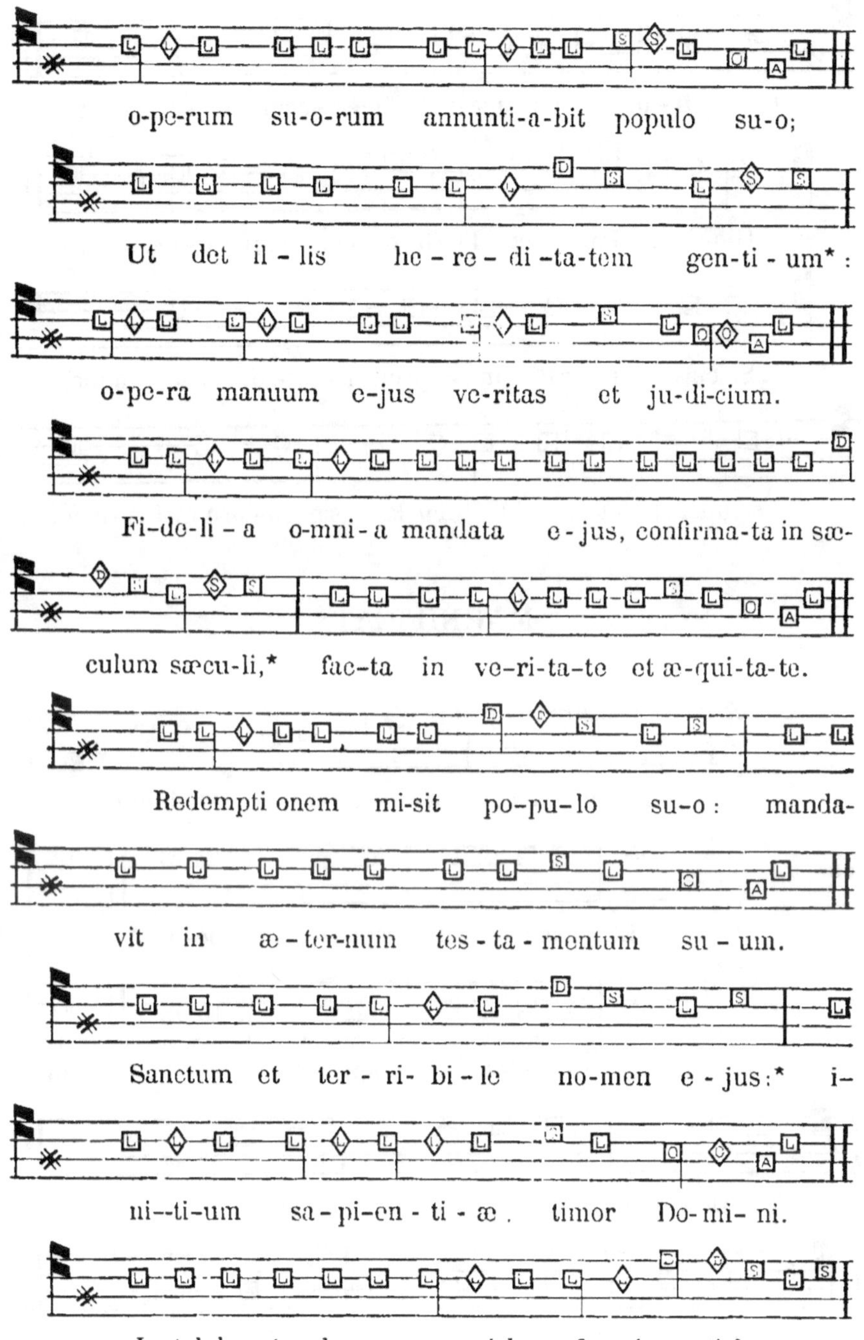
o-pe-rum su-o-rum annunti-a-bit populo su-o;
Ut det il - lis he - re - di -ta-tem gen-ti - um* :
o-pe-ra manuum e-jus ve-ritas et ju-di-cium.
Fi-de-li - a o-mni - a mandata e - jus, confirma-ta in sæculum sæcu-li,* fac-ta in ve-ri-ta-te et æ-qui-ta-te.
Redempti onem mi-sit po-pu-lo su-o : manda-
vit in æ - ter-num tes - ta - mentum su - um.
Sanctum et ter - ri- bi - le no-men e - jus:* i-
ni--ti-um sa - pi-en - ti - æ . timor Do- mi- ni.
In-tel-lec--tus bo-nus om-ni-bus fa - ci - en-ti-bus e-um:

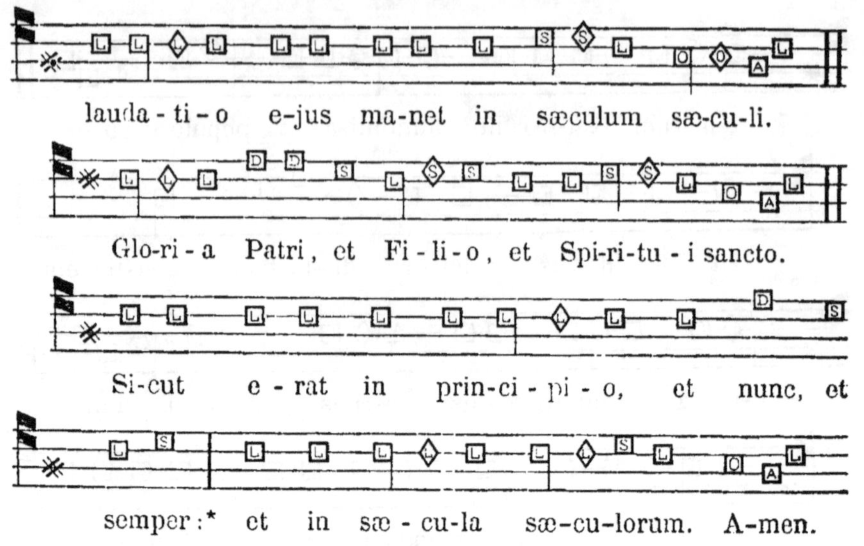
lauda-ti-o e-jus ma-net in sæculum sæ-cu-li.
Glo-ri-a Patri, et Fi-li-o, et Spi-ri-tu-i sancto.
Si-cut e-rat in prin-ci-pi-o, et nunc, et
semper :* et in sæ-cu-la sæ-cu-lorum. A-men.

MAGNIFICAT

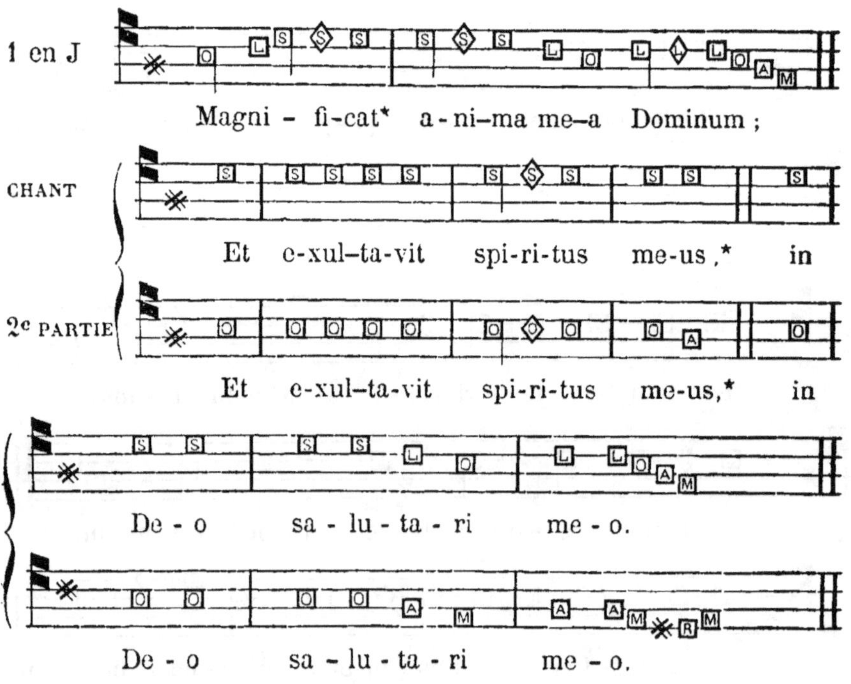
1 en J
Magni-fi-cat* a-ni-ma me-a Dominum ;
CHANT
Et e-xul-ta-vit spi-ri-tus me-us,* in
2e PARTIE
Et e-xul-ta-vit spi-ri-tus me-us,* in
De-o sa-lu-ta-ri me-o.
De-o sa-lu-ta-ri me-o.

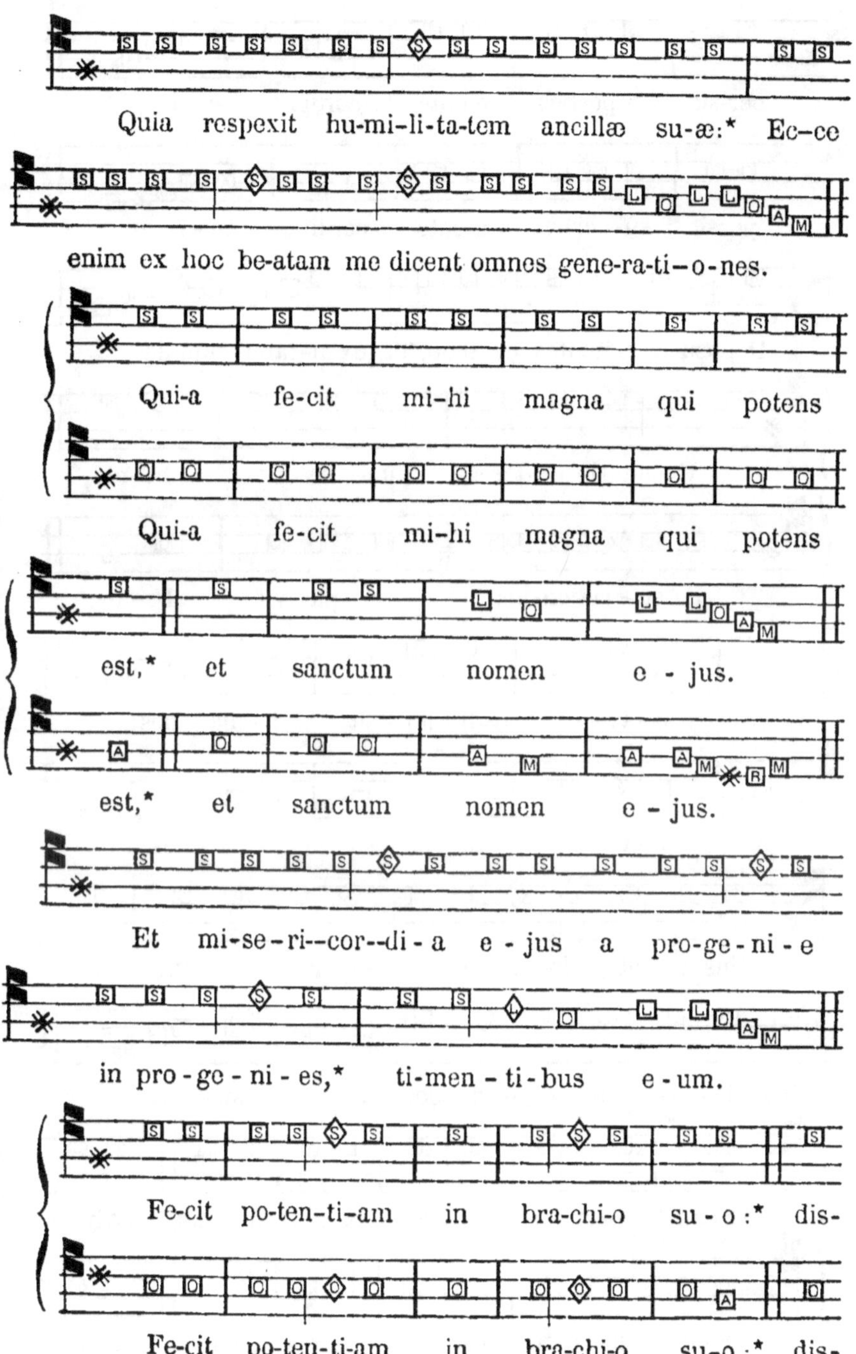
Quia respexit hu-mi-li-ta-tem ancillæ su-æ:* Ec-ce
enim ex hoc be-atam me dicent omnes gene-ra-ti-o-nes.
Qui-a fe-cit mi-hi magna qui potens
Qui-a fe-cit mi-hi magna qui potens
est,* et sanctum nomen e - jus.
est,* et sanctum nomen e - jus.
Et mi-se-ri--cor--di - a e - jus a pro-ge - ni - e
in pro - ge - ni - es,* ti-men - ti - bus e - um.
Fe-cit po-ten-ti-am in bra-chi-o su - o :* dis-
Fe-cit po-ten-ti-am in bra-chi-o su-o :* dis-

per-sit superbos mente cordis su-i.
persit su-perbos mente cordis su - i.
Deposu-it potentes de sede,*et ex-al-tabit humiles.
E - su-ri - en-tes im - ple - vit bo-nis,*
E - su - ri - en-tes im - ple - vit bo-nis,*
et di - vi - tes di - mi - sit i - na - nes.
et di - vi - tes di - mi - sit i - na - nes.
Sus-ce-pit I - sra - el pu - e - rum su-um,* re-
cor-da - tus mi - se - ri - cor - di - æ su - æ.
Sicut lo-cu-tus est ad patres nostros,* Abra-
Sicut lo-cu-tus est ad patres nostros,* Abra-

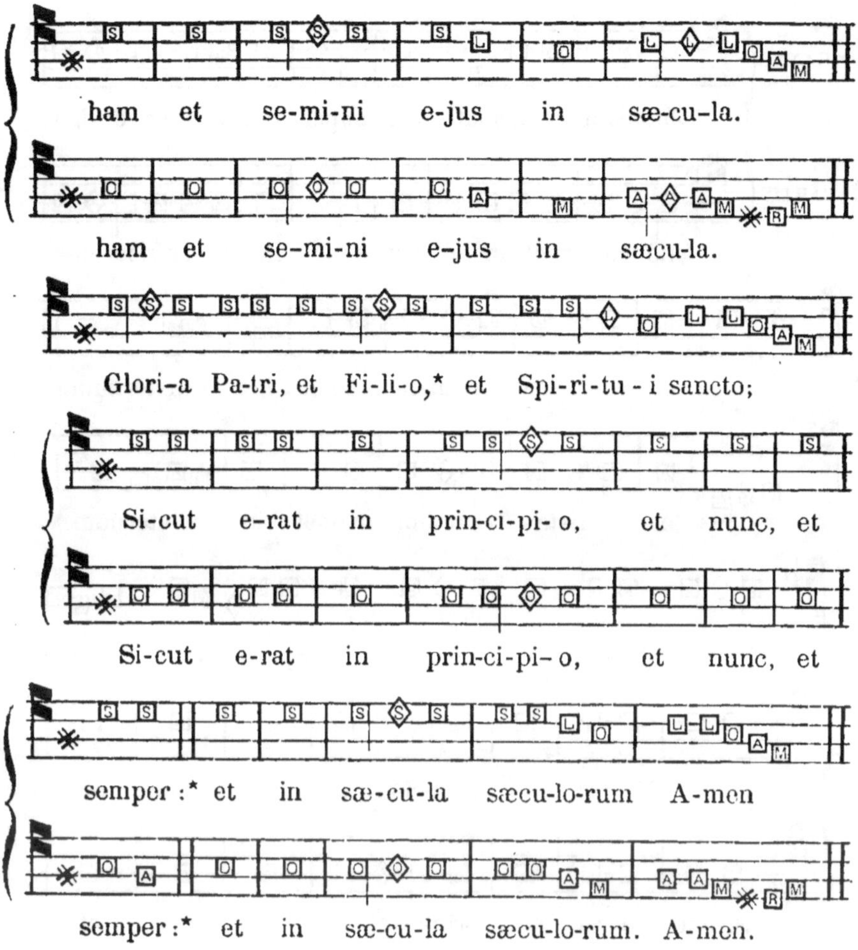

ham et se-mi-ni e-jus in sæ-cu-la.
ham et se-mi-ni e-jus in sæcu-la.
Glori-a Pa-tri, et Fi-li-o,* et Spi-ri-tu-i sancto;
Si-cut e-rat in prin-ci-pi-o, et nunc, et
Si-cut e-rat in prin-ci-pi-o, et nunc, et
semper :* et in sæ-cu-la sæcu-lo-rum A-men
semper :* et in sæ-cu-la sæcu-lo-rum. A-men.

LAUDATE DOMINUM

6 en F
Lauda - te Dominum, omnes gentes :*
lau-da-te e-um, o-mnes po-pu-li.

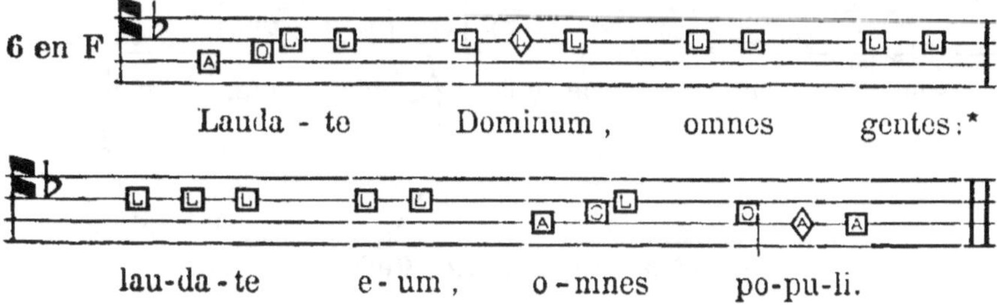

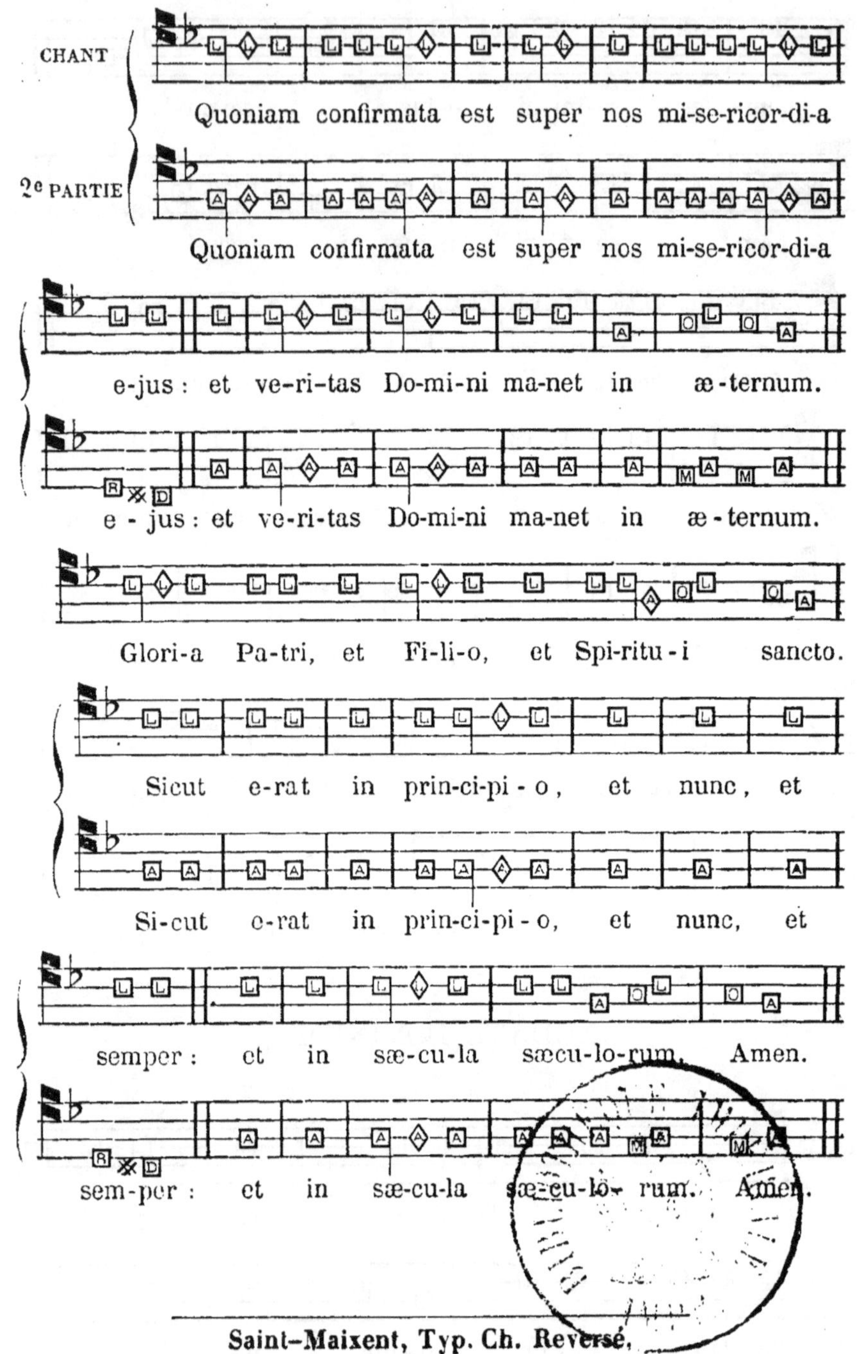

Saint-Maixent, Typ. Ch. Reversé.

www.ingramcontent.com/pod-product-compliance
Lightning Source LLC
LaVergne TN
LVHW010102230826
846091LV00005B/2062
9782329394640